KLAUS SCHIPPMANN

GESCHICHTE DER ALT-SÜDARABISCHEN REICHE

KLAUS SCHIPPMANN

GESCHICHTE DER ALT-SÜDARABISCHEN REICHE

WISSENSCHAFTLICHE BUCHGESELLSCHAFT
DARMSTADT

Einbandgestaltung: Neil McBeath, Kornwestheim.

Die Deutsche Bibliothek – CIP-Einheitsaufnahme

Schippmann, Klaus:
Geschichte der alt-südarabischen Reiche /
Klaus Schippmann. – Darmstadt: Wiss. Buchges.,
1998
ISBN 3-534-11623-2

Bestellnummer 11623-2

Gedruckt auf säurefreiem und alterungsbeständigem Werkdruckpapier
Satz: Setzerei Gutowski, Weiterstadt
Druck und Einband: Frotscher Druck GmbH, Darmstadt
Printed in Germany
Schrift: Linotype Times, 9.5/11

ISBN 3-534-11623-2

Heike und Ulrike gewidmet.

Ohne ihren „Einsatz“ am Computer
wäre dieses Buch kaum zustande gekommen.

INHALT

ABKÜRZUNGSVERZEICHNIS

AAE	Arabian Archaeology and Epigraphy, Kopenhagen.
ABADY	Archäologische Berichte aus dem Yemen, Deutsches Archäologisches Institut, San'a, ab 1982, Mainz.
AfO	Archiv für Orientforschung, Berlin/Graz.
AION	Annali del Istituto Orientale di Napoli.
ANRW	Aufstieg und Niedergang der römischen Welt, Geschichte und Kultur Roms im Spiegel der neueren Forschung. Hrsg. von H. Temporini u. W. Haase, II. Principat, Bd. 9.1, Berlin, New York.
L'Arabie antique	C. Robin (Hrsg.), L'Arabie antique de Karib'îl à Mahomet, Revue du Monde Musulman et de la Méditerranée no. 61 (1991–93), Aix-en-Provence.
L'Arabie préislamique	T. Fahd (Hrsg.), L'Arabie préislamique et son environment historique et culturel, Actes du Colloque de Strasbourg 24–27 juin 1981 (1989), Leiden.
Arabien	A. Grohmann, Handbuch der Altertumswissenschaft, Kulturgeschichte des Alten Orients, Dritter Abschnitt, Vierter Unterabschnitt, München 1963.
BASOR	Bulletin of the American Schools of Oriental Research, Jerusalem, Baghdad.
Beiträge	H. von Wissmann – Maria Höfner, Beiträge zur historischen Geographie des vorislamischen Südarabien, Akademie der Wissenschaften und Literatur Mainz, Abhandlungen der Geistes- und Sozialw., Kl. 1952, Nr. 4, Wiesbaden 1953.
BiOr	Bibliotheca Orientalis, Leiden.
BSOAS	Bulletin of the School of Oriental and African Studies, London.
CRAI	Comptes rendus de l'Académie des Inscriptions et Belles-Lettres, Paris.
East and West	Quarterly published by the Istituto Italiano per il Medio ed Estremo Oriente (ISMEO), Rom.
EI	The Encyclopaedia of Islam, New Edition, ab 1979, Leiden – Paris.

La Grèce et Saba	J. Pirenne, La Grèce et Saba, une nouvelle base pour la chronologie sud-arabe, Mémoires présentés par divers savants à l'Académie des Inscriptions et Belles-Lettres XV, Paris 1955.
L'Institution Monarchique	J. Ryckmans, L'Institution Monarchique en Arabie Méridionale avant l'Islam (Ma'in et Saba), Bibliothèque du Muséon 28 (1951), Louvain.
Jemen-Katalog	Jemen (Hrsg. W. Daum), Katalog zur Jemen-Ausstellung München; 1987, Innsbruck, Frankfurt a. M.
Jemen-Report	Mitteilungen der Deutsch-Jemenitischen Gesellschaft e. V., Stuttgart.
JEOL	Jaarbericht van het Vooraz. Egyptisch-Genootsch. Ex Oriente Lux, Leiden.
JNES	Journal of Near Eastern Studies, Chicago.
Kalender al-Yaman	Kalender anläßlich der Südarabien-Ausstellung, 16. 11. 1990–31. 3. 1991, Johanneum Schloß Stainz, Steiermark/Österreich.
ÖAkWS	Österreichische Akademie d. Wissenschaft, phil.-hist. Kl., Sitzungsberichte; Wien.
Paléographie	J. Pirenne, Paléographie des Inscriptions sud-arabes, Tome I. Verhandelingen van de Koninklijke Vlaamse Academie voor Wetenschappen, Letteren en Schone Kunsten van Belgie. Klasse der Letteren. Verhandeling nr. 26 Brüssel, 1956.
PSAS	Proceedings of the Seminar for Arabian Studies, London.
RE	Pauly-Wissowa, Real-Encyclopädie der classischen Altertumswissenschaft, 1894 ff., München.
Reallexikon	Reallexikon für Antike und Christentum, Stuttgart 1950 ff.
Studies	Studies in the History of Arabia. Vol. II, Pre-Islamic Arabia. Proceedings of the 2nd International Symposium on Studies of Arabia, 13th–19th April 1979, Riyadh 1984.
Syria	Revue d'art oriental et d'archeologie, publiée par l'Institut Français d'archeologie du Proche-Orient, Paris.

EINLEITUNG

Nachdem der Verfasser versucht hat, in zwei Bändchen einen Überblick über die Geschichte, Archäologie und Kunst der Parther und Sasaniden zu geben, soll in ähnlicher Weise jetzt die Geschichte der altsüdarabischen Reiche dargestellt werden. Waren die zuletzt behandelten „Akteure“, die Sasaniden, in den antiken Quellen und auch in der heutigen Forschung ziemlich bekannt, so ähnelt die Situation hier wieder mehr der Untersuchung über die Parther: Wir wissen immer noch recht wenig.

Viele von uns werden sicherlich schon einmal von der Begegnung der Königin von Saba mit König Salomon gehört haben, aber wer weiß schon etwas Genaueres über das Gebiet, aus dem diese Königin kam? Arabien, die größte Halbinsel der Welt mit über 3,7 Millionen Quadratkilometern Fläche – einem Viertel der Gesamtfläche Europas –, ist immer noch ein mehr oder minder unbekanntes Land, dessen Erforschung erst am Anfang steht. Diese Feststellung gilt auch für das eigentliche Gebiet der südarabischen Reiche, d. h. für das Gebiet der 1990 vereinigten Staaten des Nord- und Südjemen mit immerhin auch noch 527000 qkm. Für unsere verhältnismäßige Unkenntnis gibt es viele Erklärungen: Die archäologische Feldforschung – und sie liefert ja das „Rohmaterial“ für weitere Untersuchungen – war lange Zeit, d.h. vom Beginn einer Archäologie des Vorderen Orients Mitte letzten Jahrhunderts bis nach dem Ende des 2. Weltkrieges, überwiegend auf Mesopotamien, Iran und Anatolien konzentriert. Hinzu kamen später politische Probleme, wie etwa die Existenz zweier Staaten, Nord- und Südjemen, die sich nicht gerade freundlich gesonnen waren und nicht zuletzt die Bürgerkriege in den beiden Ländern selbst. Und 1994, gerade nach vier Jahren sogenannter „Einheit“, bekämpften sich die beiden ehemaligen Teilstaaten erbittert. Schließlich spielten auch die Unzugänglichkeit des Gebietes und die teilweise Feindseligkeit der Einwohner eine hemmende Rolle.

Diese Gründe haben sicher auch dazu geführt, daß es zwar sehr viele Einzeluntersuchungen – vor allem auf sprachlichem Gebiet – gibt, aber nur wenige allgemeine Überblicke über die Geschichte, Archäologie und Kunst dieser Region existieren. Ein wichtiger Schritt in dieser Richtung war zweifellos die großartige Jemen-Ausstellung 1987 in München und ihr hervorragend aufgemachter und mit vielen interessanten und wichtigen Artikeln „gespickter" Katalog. Dieses Bändchen kann natürlich kein „Konkurrenzunternehmen" sein, sondern will nur versuchen, einen gerafften Überblick über den aktuellen Stand unserer Kenntnisse über die oben genannten Themen zu geben. Selbstverständlich nicht für Spezialisten der Arabienforschung, sondern für interessierte Laien, für Altorientalisten und Althistoriker, die sich nicht ausschließlich mit Alt-Südarabien befassen, und nicht zuletzt auch für Studenten der Altorientalistik oder Archäologie.

I. GEOGRAPHIE UND QUELLEN

Die Bestimmung der Begriffe „Araber“[1] und „Arabien“ ist nicht ganz einfach, da sie im Laufe der Geschichte Veränderungen unterworfen waren. Die älteste Erwähnung in assyrischen Quellen findet sich auf dem bekannten Monolithen Schalmanassars III. (859–824). Dieser berichtet über die Schlacht von Qarkar im Orontestal 853 und erwähnt das Mitglied der feindlichen Koalition, einen „Gindibu, den Araber“, der mit 1000 Kamelen[2] an der Schlacht teilnahm. Bis zum Jahre 738 schweigen dann die assyrischen Quellen über die Araber. Erst Tiglathpileser (746–726) berichtet in seinen Annalen wieder über eine Königin der Araber namens Zabibe, die zu der feindlichen Koalition gehörte, welche der assyrische König besiegt hatte und die Tribut zahlen mußte. Weitere Nennungen der Araber folgen bis zu Assurbanipal (669–627/26).[3] Bei dessen Inschriften fällt jedoch auf, daß sich in ihnen schon Namen und andere Einzelheiten über Nomadengruppen finden und nicht mehr nur die allgemeine Bezeichnung „Araber“.[4] Die früheste datierbare Referenz in der Bibel bezüglich des Terminus Araber findet sich im Buch Jesaia (13: 20) und gehört in die zweite Hälfte des 8. Jahrhunderts[5].

Die hier genannten Quellen liefern aber lediglich den Hinweis, daß Nomaden, die als Araber bezeichnet wurden, sich in der Gegend von Syrien-Palästina, vor allem in den Wüsten, aufhielten, also im nördlichen Teil der Arabischen Halbinsel. In südarabischen Quellen, egal welcher Chronologie[6] man folgt, tauchen die Araber erst im 1. Jahr-

[1] Über die verschiedenen Formen des Namens siehe Israel Ephe‘al, The Ancient Arabs. Nomads on the borders of the fertile crescent 9th–5th centuries B.C., [1982], S. 6ff. (siehe auch die Rezension dieses Werkes durch H.D. Galter in BiOr 41 [1989], Sp. 747ff.); ders. in JNES 35 (1976), S. 225ff.; siehe weiter C. Robin, L'Arabie antique, S. 10ff.; 71ff.

[2] Hier dürften Kamelreiter gemeint sein, siehe Ephe‘al, Ancient Arabs, S. 76 Anm. 230.

[3] Siehe zu den assyrischen und biblischen Belegen auch J. A. Montgomery, Arabia and the Bible (1934).

[4] Ephe‘al, Ancient Arabs, S. 165.

[5] Derselbe, JNES 35 (1976) S. 227.

[6] Zu den verschiedenen Chronologien aufgrund der südarabischen Inschriften siehe hier S. 32ff.

hundert n. Chr. auf.[7] In dieser Zeit versteht auch Plinius[8] unter Arabien ein Gebiet, das im Norden vom Amanusgebirge bis nach Südarabien im Süden reicht. Syrien und Mesopotamien würden danach also zu Arabien gehören. Man muß aber A. Grohmann[9] zustimmen, wenn er die Ansicht vertritt, daß eine solche Abgrenzung für eine kulturhistorische Behandlung unbrauchbar sei und er daher auf die arabische Bezeichnung „Djazirat al-'Arab", „Die Insel der Araber", zurückgreift. Damit ist die Halbinsel zwischen dem Roten Meer, dem Golf von Aden, dem Arabischen Meer und dem Arabisch-Persischen Golf gemeint. Die Nordwestgrenze dieser Halbinsel ist unklar. Grohmann zieht sie vom Jordangraben dem Gebirgsrand von Damaskus entlang über Palmyra (südlich davon) zum Euphrat. Die bekannten Orte Palmyra und Petra läßt er außer Betracht, da sie trotz ihrer arabischen Bevölkerung eher zum syrisch-aramäischen Kulturkreis gehörten. G. Rentz[10] dagegen zieht die Grenze nicht so weit nordwärts. Für ihn reicht die nördliche Ausdehnung der Halbinsel bis zu den Grenzen, die Saudi-Arabien und Kuwait von Jordanien und Irak trennen. Der nördlichste Punkt ist für Rentz der Ort Unaza. Die Arabische Halbinsel umfaßt also danach ca. 3,7 Millionen qkm bei einer Länge von 2200 km und einer Breite von 1200 km. Ein Fünftel dieses Riesengebietes ist allerdings Wüste: einmal die größte Sandwüste der Welt, die Wüste Rub al-Chali mit ca. 500000 qkm, und die Nafud-Wüste mit etwa 70000 qkm.

In der Antike wurde Arabien seit Ptolemaios[11] (2. Jahrhundert n. Chr.) in drei Zonen aufgeteilt: Arabia Petraea, Arabia Deserta und Arabia Felix. Unter dem ersten Begriff ist das unter römischem Einfluß stehende Gebiet mit Petra (Jordanien) als Mittelpunkt zu verstehen, es umfaßte auch die Sinaihalbinsel. Arabia Deserta wurde hauptsächlich aus der syrisch-mesopotamischen Wüste gebildet. Im Westen grenzte es an Arabia Petraea und wurde im Süden durch eine Linie von Arabia Felix getrennt, die etwas südlich von Aqaba begann

[7] Siehe Ephe'al, JNES 35, S. 233ff.

[8] Nat. hist. VI. XXXII, 142ff.

[9] In Arabien (1963), S. 3ff.; siehe aber auch die negative Rezension von J. Pirenne in BiOr 23 (1966), S. 3ff.

[10] In EI, vol. I (1960), Art. ›Djazirat al-'Arab‹, S. 533ff.

[11] Geographia V, 17; V, 19; VI, 7. Zu der Erwähnung Südarabiens bei den klassischen Autoren siehe auch M. Rodinson in L'Arabie du Sud. Histoire et civilisation, le peuple yemenite et ses rácines von Joseph Chelhod und anderen Autoren (1984), tome 1, S. 55ff. und H. I. Macadam in T. Fahd (Hrsg.), L'Arabie préislamique, S. 289ff.

und dann mehr oder minder gerade an den Gebirgszügen nach Osten verlief und südlich der Euphratmündung den Persisch-Arabischen Golf erreichte.

Nach der heutigen politischen Landkarte würde zu Arabia Felix der überwiegende Teil von Saudi-Arabien und auch Kuwait sowie die Vereinigten Arabischen Emirate, der Jemen und Oman gehören. Betrachtet man allerdings die Geschichte der verschiedenen Reiche Südarabiens, so erscheint diese räumliche Ausdehnung zu groß. Südarabien umfaßte in erster Linie den Jemen (den ehemaligen Nord- und Südjemen), den Dhofar (Oman) sowie das Gebiet von Nadjran und Teile des Hedschas (Saudi-Arabien). Mit anderen Worten: geographisch gesehen müßte man von Südwestarabien sprechen. Dieser Teil Arabiens erhielt seine Bedeutung vor allem durch die verschiedenen Handelswege, die vom Süden, etwa von den Häfen Aden und Qana und von Dhofar an das Mittelmeer (Gaza) und an den Arabisch-Persischen Golf, hier vor allem nach Gerrha und weiter nach Mesopotamien verliefen; eine dieser Routen war die legendäre Weihrauchstraße. Selbstverständlich gab es auch einen ausgedehnten Handelsverkehr in umgekehrter Richtung, d. h. vom Mittelmeer nach Süden und dann weiter auf dem Seewege nach Indien.[12]

Dieses Gebiet gehört zur tropischen Zone und ist klimatisch gegenüber anderen Teilen Arabiens sehr begünstigt und daher fruchtbar und eine der besiedeltsten Regionen Arabiens. Man kann mehrere[13] Großlandschaften unterscheiden. Im ehemaligen Nordjemen, aber auch schon in Saudi-Arabien, erstreckt sich im Westen, also am Roten Meer, die etwa 50–70 km breite Ebene der Tihama („Heiße Erde"). Es handelt sich dabei nicht nur um die dünn besiedelte, bis zu 200 m ansteigende Küstenebene („Küstentihama"), sondern auch um das sich anschließende hügelige Gebirgsvorland („Gebirgstihama") mit Höhen bis zu 760 m. Dieses geht dann unmittelbar in ein steil aufragendes Randgebirge über. Es ist die klimatisch günstigste Zone des Hochlandes von Jemen, und hier gedeiht der Kaffeeanbau am besten. Danach folgt das zentrale Hochland mit Höhen ab etwa 2100 m. Der höchste Berg der Arabischen Halbinsel liegt südwestlich von Sanaa, der Hadur Schuaib mit 3760 m Höhe. Hier im Hochland befindet sich

[12] Siehe dazu hier das Kapitel ›Wirtschaft‹.

[13] Die naturräumliche Gliederung des Nordjemen wird in der Forschung verschieden wiedergegeben, siehe dazu E. Wohlfahrt, Die Arabische Halbinsel, Länder zwischen Rotem Meer und Persischem Golf (1980), S. 601 ff., besonders S. 602, Anm. 1.

auch die Wasserscheide zwischen dem Roten Meer und den Wüsten im Inneren Arabiens. Das Hochland geht dann in das wüstenhafte innere Hochplateau über. Hier lagen in den Tälern größere Oasen (z. B. Marib), die durch den „Sayl" (gelegentlich auftretendes starkes Abflußwasser in meist trockenen Wadis) bewässert wurden. Allerdings setzte die Bewältigung dieser Wassermassen ein kompliziertes Bewässerungssystem voraus, das wiederum nur in Gemeinschaftsarbeit errichtet und unterhalten werden konnte.

Der ehemalige Südjemen gliedert sich ebenfalls in mehrere Großlandschaften.[14] Auch hier findet sich ein Küstenbereich, wobei sich allerdings Steil- und Flachküsten ablösen. Aden liegt z. B. in einem Doppelkrater. Die flachen Küstenstreifen besitzen etwa eine Tiefe von 20–30 km; bei Lahedsch, nördlich von Aden, erreicht die Ebene sogar eine Tiefe von 50 km. Mehrere große Wadis eröffnen den Zugang ins Landesinnere. An die Küstenebene schließt sich eine Randgebirgszone mit Höhen bis zu 1000 m an, die dann in das „Südarabische Tafelland" („Südarabische Randschwelle") mit Höhen bis etwa 2000 m übergeht. Ein Teil dieser Zone im Hadramaut wird durch den Dschol, ein ödes Kalksteinplateau, gebildet. Nach seiner Durchquerung erreicht man das berühmte Wadi Hadramaut. Es liegt ca. 170 km Luftlinie von der südarabischen Küste entfernt und erstreckt sich parallel von West nach Ost in einer Länge von 200 km. Zahlreiche Seitentäler münden von Norden und Süden in das Wadi Hadramaut, wobei besonders die südlichen Täler den Sayl bringen, der die Landschaften fruchtbar macht und demzufolge auch dicht besiedelt ist.

Geht man vom Wadi Hadramaut weiter nach Norden, so erreicht man im Nordwesten die Wüste Ramlat Sayhad (Ramlat Sabatain),[15] die sich im Westen bis nach Marib erstreckt und im Osten an das Tafelland von Hadramaut grenzt. In der antiken Zeit bildeten die Gebiete im Westen, Süden und Osten der Ramlat Sayhad den politischen und kulturellen Zentralraum Südarabiens. Hier lagen die Zentren der Reiche von Saba, Main, Hadramaut und Qataban und wahrscheinlich auch von Ausan.[16]

Im Norden der Ramlat Sayhad schließt sich dann die unendliche Wüste Rub al-Chali an, die sich ihrerseits bis ins Innere Arabiens erstreckt. Östlich von Hadramaut bildet das Mahraland eine weitere

[14] Siehe dazu E. Wohlfahrt, S. 745 ff.

[15] Über verschiedene Benennungen dieser Wüste siehe E. Wohlfahrt, S. 761.

[16] So H. von Wissmann, Zur Archäologie und antiken Geographie von Süd-

Großlandschaft Südjemens. An diese wiederum reicht im Osten der Dhofar heran, der zwar heute zum Oman gehört, naturräumlich und entwicklungsmäßig aber einen Teil des Südjemens bildet. Aus dem Dhofar kam in der Antike der größte Teil des Weihrauches.

Klimatisch gesehen zerfällt Südarabien in zwei große unterschiedliche Klimazonen. In den Küstenregionen existiert ein tropisches, feuchtes, ungesundes Wüstenklima. Ein ähnliches Klima, allerdings mit mehr Niederschlägen, findet sich an den anschließenden unteren Hängen der Randgebirge. Die andere, subtropische Klimazone wird durch die höheren Lagen der Randgebirge, dem Hochland und dem Oasenland im Osten des Jemen und dem Hadramaut gebildet.[17]

arabien. Hadramaut, Qataban und das Aden-Gebiet in der Antike (1968), S. 14.

[17] Siehe H. von Wissmann, Geographische Grundlagen und Frühzeit der Geschichte Südarabiens, in Saeculum 4 (1953), S. 61 ff. [70].

II. DIE MENSCHEN

Die heutige Bevölkerungszahl der Arabischen Halbinsel ist nur schwer anzugeben, da es fast überall in den einzelnen Ländern an zuverlässigen Volkszählungen fehlt. So differieren die Zahlen in den verschiedenen Quellen denn auch sehr. Ein eindrucksvolles Beispiel dafür liefert z. B. der ehemalige Nordjemen. Im Februar 1975 wurde die erste Volkszählung durchgeführt. Zuverlässige Karten, in denen alle Siedlungen verzeichnet waren, gab es nicht, und ein Teil der Gebiete hätte von den „Wahlhelfern“ nur nach mühsamen und wochenlangen Fußmärschen erreicht werden können. Mit über 5000 Studenten, Sekundarschülern und Regierungsbeamten wurde die Zählung durchgeführt. Trotz der erwähnten Probleme glaubt man, etwa 96 Prozent der Bevölkerung erfaßt zu haben. Mit Hilfe von Luftbildinterpretationen und Stichproben ermittelte ein schweizerisches Geographenteam die fehlenden Zahlen und überprüfte die Ergebnisse auf ihre Richtigkeit. Die ermittelte Zahl von 4,705 Millionen ständig im Nordjemen lebender Einwohner ist also erheblich niedriger, als bei früheren Schätzungen angenommen wurde, wo von bis zu 9 Millionen Einwohnern gesprochen wurde.[1]

Mit aller Vorsicht kann man für die beiden Jemen, Saudi-Arabien und Oman von ca. 13 Millionen in diesen Ländern lebenden Einwohnern für das Jahr 1975 ausgehen.[2] Beschränkt man diese Zahlen nur auf den ehemaligen Nord- und Südjemen, also das Gebiet, in dem die antiken südarabischen Reiche hauptsächlich ihr Territorium hatten, so gelangte man für 1984–86 auf eine geschätzte Zahl von ca. 10 Millionen Einwohnern.[3] Eine Ende 1994 durchgeführte Volkszählung ergab dann eine Zahl von 15,9 Millionen Einwohnern.[4] Ein Teil der

[1] Zu dieser Volkszählung siehe H. Steffen, Population Geography of the Yemen Arabic Republic (1979); für Bevölkerungszahlen siehe weiter die Hefte des Statistischen Bundesamtes Wiesbaden für den Nordjemen 1989 und für den Südjemen 1987. Ein Heft für den Vereinigten Jemen ist in Vorbereitung; ferner Wohlfahrt, Arabische Halbinsel, S. 974.

[2] Siehe Steffen S. I/60.

[3] Angaben nach den Zahlen des Statistischen Bundesamtes.

[4] Siehe Jemen-Report Jg. 26, Heft 2 (1995), S. 27.

Gesamtzahl dieser Einwohner Südarabiens dürften auch heute noch nomadisierende Beduinen sein. Wie hoch ihre Zahl ist, läßt sich nur ungefähr sagen, da der Übergang vom Vollnomadentum zum Halbnomadentum schwer feststellbar ist. Wohlfahrt[5] nennt eine Zahl von jeweils 2% der Gesamtbevölkerung, wobei diese Zahlen von Land zu Land unterschiedlich sind.[6]

Ähnliche Schwierigkeiten bestehen für die Ermittlung der Einwohnerzahl des antiken Südarabien. Man kann davon ausgehen, daß die Oasen damals wesentlich ausgedehnter waren. Ein Grund dafür war sicherlich das über viele Jahrhunderte sehr gut funktionierende Bewässerungssystem. Das bedeutete, daß der Süden mit seiner bäuerlichen Grundlage gegenüber dem von Beduinen beherrschten Wüstenland im Norden ein Übergewicht besaß.[7]

Zahlen über die Bevölkerung in antiker Zeit sind jedoch in den Inschriften oder in sonstigen Quellen kaum zu finden, und auch die moderne Forschung ist in dieser Hinsicht sehr zurückhaltend. Bei den inschriftlich genannten Zahlen ist zu berücksichtigen, daß sie nur mittelbar Hinweise auf eine Bevölkerungszahl geben. Entweder handelt es sich um die Anzahl getöteter Feinde oder gemachter Gefangener[8] – wobei immer schon, bis in heutige Zeiten, vom Sieger gern übertrieben wurde –, oder es wird berichtet, daß im Jahr 450 n. Chr. 20000 Menschen für die Reparatur des Dammes von Marib eingesetzt wurden.[9] Ähnliche Probleme gibt es bei der Größe und Zahl eroberter Städte und Dörfer. A. F. L. Beeston[10] weist im übrigen auf die Schwierigkeit hin, für Südarabien zu definieren, was ein „urbanes Zentrum" ist. So hat er Zweifel, ob etwa Timna, die Hauptstadt von Qataban, oder Qar-

[5] Siehe S. 122.

[6] Für Saudi-Arabien wird der Anteil auf 15–25% geschätzt, s. Wohlfahrt S. 122, Anm. 1; für den ehemaligen Nordjemen auf etwa 5%, siehe H. Dequin, Arabische Republik Jemen (1976), S. 6.

[7] Von Wissmann, Saeculum 4 (1953), S. 70.

[8] Als Beispiel sei hier auf H. von Wissmann – Maria Höfner, „Beiträge" (1952), S. 282 (64), 294 (76) und F. Hommel, Ethnologie und Geographie des Alten Orients (1926), S. 658, besonders Anm. 3 verwiesen, wo einige Zahlen aus Inschriften genannt werden. Danach hat der Herrscher von Saba, Karib'îl Watar, bei einem Feldzug gegen das Reich von Ausan 16000 Menschen getötet und 40000 Gefangene gemacht; eine andere Inschrift nennt für einen Krieg gegen Nadjran sogar 45000 Tote und 63000 Gefangene.

[9] Siehe U. Brunner, Die Erforschung der antiken Oase von Marib mit Hilfe geomorphologischer Untersuchungsmethoden, ABADY II (1983), S. 116.

[10] PSAS 1 (1970), S. 26ff., 5 (1975), S. 7, n. 1.

nawu, die Hauptstadt von Main, unter diesen Begriff fallen, ja, er vertritt sogar die Ansicht, daß eine wahre Urbanisation im antiken Südarabien, abgesehen vom Hafen Qana, überhaupt nicht existierte.

Einige Zahlen besitzen wir dennoch von Marib, der größten Stadt in Südarabien. In den Berichten des Deutschen Archäologischen Institutes, Abteilung Sanaa[11] findet sich der Hinweis, daß den Sabäern in Marib während der Blütezeit (7./6. Jahrhundert v. Chr.) etwa 10000 ha Kulturland für die landwirtschaftliche Nutzung zur Verfügung standen. Da im Jahr zweimal geerntet wurde, verdoppelte sich die Ertragsfläche. Die antike Stadt selbst bedeckte nach Grohmann ca. 114 ha.[12]

1973 lebten ca. 13000 Menschen im Regierungsbezirk (Qada) Marib, davon waren allerdings nur 10000 seßhaft. Sie bewirtschafteten eine Fläche von 3900 ha.[13] Bei Übertragung dieses Verhältnisses von Anbaufläche zu Bewohnern auf die antike Zeit würde das bedeuten, in Marib hätten sich mindestens 30000 Menschen[14] selbst versorgen können. U. Brunner ist weiter der Ansicht, daß auch bei Annahme einer intensiveren Nutzung des Bodens in der Antike man dennoch nicht mit mehr als maximal 50000 Leuten rechnen könne. Er hält daher eine Zahl von 100000, wie sie von C. Rathjens[15] angegeben

[11] Siehe U. Brunner, S. 105/6, 122; W. W. Müller, Kalender al-Yaman, Blatt Febr. Rückseite gibt 9600 ha. J. Hehmeier, ABADY V (1990), S. 81/2: Umfang der bewässerten Anbaufläche 7170 ha.

[12] Arabien, S. 142 unter Berufung auf E. Glaser; W. W. Müller, EI, Vol. VI (1990), S. 559 ff. gibt 110 ha; B. Doe, Monuments of South-Arabia, S. 121 unter Bezugnahme auf von Wissmann, der sich seinerseits auf Glasers Tagebuch beruft: 70 ha.

[13] Siehe Brunner, S. 105, er beruft sich dabei auf R. Schoch, Geographica Helvetica Heft 33,3 (1978), S. 126.

[14] Wenn Brunner (s. S. 106) sich dabei allerdings auf die Angabe einer gleich hohen Bevölkerungszahl in einem Aufsatz von H. Dequin, Orient 9. Jahrg. Nr. 5 (1968), S. 164 ff. 166 bezieht, so ist das nur bedingt richtig. Dequin geht nämlich von einer Fläche von nur 3000 ha aus und nennt dann zwar die Zahl von 30000 Menschen, um aber anschließend zu dem Ergebnis zu kommen, daß man durch zusätzliche Versorgungsmöglichkeiten (Karawanen, Viehzucht) leicht auf eine Bevölkerungszahl von 100000 komme. Siehe dazu auch den Aufsatz von G. W. Van Beek in BASOR 248 (1982), S. 61 ff. über die Bevölkerungszahl in Marib. W. W. Müller in EI VI (1990), Art. ›Marib‹, S. 563: mindestens 30000, maximal 50000 Bewohner.

[15] C. Rathjens (sen.), C. Rathjens (jun.) und andere in Beiträge zur Klimakunde Südwest-Arabiens, Deutscher Wetterdienst, Seewetteramt, Einzelver-

wird, für nicht realistisch. Geht man also einmal von 50000 Bewohnern der Oase von Marib aus, rechnet grob weitere 30000 Menschen für die Umgebung von Marib hinzu und addiert dann noch die von von Wissmann[16] genannte Zahl von 200000 Einwohnern für das Land Sam'i (hierunter versteht er vor allem das Gebiet westlich von Marib, d. h. über Sanaa hinaus bis etwa nach Kaukaban und südlich bis über Zafar hinaus,[17] so kommt man auf eine Zahl von ca. 280000 Menschen. Das Gebiet von Marib und von Sam'i bildete flächenmäßig den größeren Teil des Reiches von Saba. Auch wenn man großzügig noch weitere 30000 Menschen für die nicht von Marib und Sam'i erfaßten Teile des Reiches hinzurechnet, ergibt das ungefähr eine Zahl von 310000 Bewohnern für das Reich von Saba. Eine Zahl, die meines Erachtens von den anderen Reichen Main, Ausan, Qataban, Hadramaut und Himyar kaum erreicht worden sein dürfte, da nach unseren heutigen Kenntnissen ein solch ausgedehntes und vollendetes Bewässerungssystem wie in der Oase von Marib in den übrigen Reichen nie vorhanden war. Dies aber war eine der Hauptvoraussetzungen für eine große Bevölkerungszahl, und so war Marib auch mit Abstand die größte Stadt des antiken Südarabien.[18] Zu berücksichtigen ist bei diesen „Zahlenspielen" außerdem die Tatsache, daß man zu der oben genannten Zahl von 310000 Menschen nicht einfach die Bevölkerungszahlen der anderen Reiche hinzuzählen kann, denn das am Ende der südarabischen antiken Zeit mächtige Reich von Himyar entstand um ca. 120 v. Chr. aus Teilen des zusammengebrochenen Reiches von Qataban[19] und bildete zusammen mit Saba den entscheidenden Machtfaktor in Südarabien. Das bedeutet, die Bevölkerungszahl des Reiches von

öffentlichungen Nr. 11 (1956), S. 34, ebenso in Sabaeica, Bericht über die archäologischen Ergebnisse seiner zweiten, dritten und vierten Reise nach Südarabien, II. Teil (1955), S. 24.

[16] Sammlung Eduard Glaser III, Zur Geschichte und Landeskunde von Alt-Südarabien, ÖAkWS 246. Band (1964), S. 371/2.

[17] Siehe Karte S. 294/95.

[18] Die Größenangaben schwanken zwischen 114 und 70 ha (s. Anm. 12). Selbst aber mit 70 ha übertrifft Marib alle anderen Städte bei weitem. Timna mit 37 ha (so B. Doe, Monuments of South Arabia, S. 129) oder nach von Wissmann (Le Muséon 75 [1962], S. 193, in diesem Aufsatz finden sich im übrigen weitere Größenangaben von Orten) mit 24 ha folgt mit weitem Abstand als zweitgrößte Stadt.

[19] Siehe H. von Wissmann, Die Geschichte des Sabäerreiches und der Feldzug des Aelius Gallus, in ANRW II 9.1 (1976), S. 433.

Himyar ist in einem beträchtlichen Umfang schon in der des Reiches von Qataban enthalten.

U. Brunner und H. Haefner[20] haben anhand der Auswertungen von Satellitenbildaufnahmen der Wadis rund um die Wüste Ramlat Sayhad (heute Ramlat Sabatain) versucht, die Ausdehnung der bewässerten Oasen zu errechnen. Sie kamen auf eine minimale Oasenfläche von 44500 ha und eine Zahl von 200000 Personen, die im Randbereich der Ramlat Sayhad, also in dem Gebiet, in welchem die Zentren der altsüdarabischen Reiche lagen, lebten.

Zusammenfassend bin ich daher der Ansicht, daß die Bevölkerungszahl des antiken Südarabien, d.h. des Gebietes des vereinigten Jemen maximal eine halbe Million betrug, gegenüber heute ca. 16 Millionen Menschen.[21] Diese sicherlich beträchtliche Differenz erklärt sich meines Erachtens aus der heutigen höheren Lebenserwartung, bewirkt durch ärztliche Versorgung, die Mechanisierung der Landwirtschaft und die Durchführung von Bewässerungsvorhaben, etwa in der Tihama.

Zum Vergleich sei hier nur auf Bevölkerungsschätzungen für die Induskultur mit mehr als einer halben Million Quadratmeilen – das sind ca. 1600000 qkm gegenüber 527 qkm des vereinigten Jemen – hingewiesen. Man rechnet dort mit einer seßhaften Bevölkerung von etwa 1 Million Individuen zuzüglich der Hirtennomaden.[22]

Ein weiteres Problem, bei dem in der Forschung Unstimmigkeit herrscht, ist die Frage nach den Rassen, die das antike Südarabien bewohnten. Anders gefragt: Sind die Menschen, die dieses Gebiet ab etwa 1000 v. Chr. bevölkerten – und das ist ja ungefähr der Zeitpunkt, an dem die Geschichte, soweit sie uns hier interessiert, beginnt –, eingewandert oder war diese Bevölkerung autochthon?

Fest steht, daß in Südarabien längst vor 1000 v. Chr. Menschen gelebt haben.[23] Dies haben die zahlreichen Ausgrabungen, vor allem nach 1945 in den beiden Jemen[24], Oman[25], Bahrain, Saudi-Arabien[26]

[20] In Die Erde. Zeitschrift der Gesellschaft für Erdkunde 129 (1990), S. 135 ff.

[21] Siehe S. 8.

[22] Die Zahlen für die Indus-Kultur stammen aus dem Aufsatz von G. F. Dales im Katalog ›Vergessene Städte am Indus‹ (1987), S. 137 ff.

[23] Siehe dazu den Abschnitt ›Vorgeschichte‹.

[24] Für die Ausgrabungen im ehemaligen Südjemen, aber nicht nur, ist die vom Südjemen herausgegebene Zeitschrift ›Raydan‹ heranzuziehen; ferner sind die Bibliographie und Ausgrabungsberichte für Südarabien im AfO von

und den Emiraten[27] ergeben.[28] Allgemein wird in der Forschung heute davon ausgegangen, daß eine Einwanderung nach Südarabien – und zwar die, welche uns hier interessiert – Ende des 3., Anfang des 2. Jahrtausends stattgefunden hat. Nach Grohmann[29] und von Wissmann[30] handelt es sich dabei um Ausläufer von Einbrüchen nach Syrien und Mesopotamien von Norden und Osten her. Besonders von Wissmann hat dann diese Einwanderung noch präzisiert. Nach ihm[31] sind „unsere" Sabäer, Minäer, Hadramiten und Qatabaner von Ostarabien, genauer gesagt aus dem Gebiet um das heutige Bahrain, in mehreren Schüben irgendwann im 2. Jahrtausend eingewandert. Das Gebiet um den Golf von Bahrain, zusammen mit der gleichnamigen Insel, dem antiken Dilmun, das haben vor allem die dänischen Ausgrabungen seit Anfang der 50er Jahre ergeben, war ein wichtiger Handelsplatz seit dem frühen 3. Jahrtausend zwischen Mesopotamien und dem Industal. In diesem Raum haben auch irgendwo die sagenhaften Orte Gerrha, Hagar und Thaj gelegen. Neuerdings wird sogar angenommen, daß alle drei Namen sich auf eine und dieselbe Stadt beziehen.[32]

W. W. Müller zu beachten, zuletzt AfO 42–43 (1995/6), S. 503 ff. Weiter die italienische Zeitschrift ›Yemen Studi archeologici, storici e filologici sull'Arabia meridionale‹ ab 1992; 1996 sind die ersten zwei Nummern der Zeitschrift ›Abiel‹ erschienen (Hrsg. sind D. T. Potts und M. L. A. Macdonald). Sie befaßt sich mit Forschungen auf der gesamten Arabischen Halbinsel.

[25] Für Forschungen im Oman ist das Journal ›Oman Studies‹ wichtig.

[26] Für Saudi-Arabien ist es ›Atlal‹.

[27] Für die Vereinigten Arabischen Emirate ›Archaeology in the United Arab Emirates‹.

[28] Allgemein für das gesamte Gebiet Arabien sind die ›Proceedings of the Seminar for Arabian Studies‹ und die Zeitschrift ›Arabian Archaeology and Epigraphy‹ heranzuziehen.

[29] Arabien, S. 9 ff.

[30] In Handbuch der geographischen Wissenschaften, hrsg. von F. Klute, Bd. 5 (1937), Teil IV Arabien, S. 178 ff. 200 ff., Über die frühe Geschichte Arabiens und das Entstehen des Sabäerreiches. Die Geschichte von Saba' I. Sammlung Eduard Glaser XIII, ÖAkWS 301. Bd., 5. Abh. (1975), S. 8 ff.; siehe auch A. E. Knauf PSAS 18 (1988), S. 39 ff.

[31] Die Geschichte von Saba' II. Das Großreich der Sabäer bis zu seinem Ende im frühen 9. Jh. v. Chr. ÖAkWS 402. Bd. (1982), S. 13 ff.; ähnlich, wenn auch wesentlich kürzer, Müller im Jemen-Katalog München (1987), S. 50.

[32] So D. Potts, PSAS 17 (1984), S. 87 ff.; für Müller liegt dem griechischen Namen Gerrha der hasaitische Name Hagar zugrunde, siehe bei von Wissmann, Die Geschichte von Saba' II, S. 29, Anm. 21 a.

Ob man von diesem Gebiet und seinen Bewohnern als „Hochkultur“ sprechen kann, wie von Wissmann es tut, ist eine andere Frage. G. Garbini[33] macht hinsichtlich der Einwanderung einen kleinen Unterschied. Nach ihm sind nur die Stämme der Minäer, Qatabaner und Hadramiten im 2. Jahrtausend eingewandert. Die Sabäer sind erst gegen 600 v. Chr. in Südarabien eingetroffen.

Es ist von Wissmann zuzustimmen, wenn er der Ansicht ist, daß diese Einwanderungen durch die Verwendung des domestizierten Kamels als Reittier begünstigt wurde. Seiner Annahme[34], daß der Beginn der Züchtung des Kamels um die Mitte des 2. Jahrtausends v. Chr. anzusetzen sei, kann aber nicht zugestimmt werden. Die Grabungen auf der Omanhalbinsel, besonders in Hili und auf Umm an-Nar, haben gezeigt, daß schon Ende des 4./Anfang des 3. Jahrtausends von einer Domestizierung des Kamels (Dromedar) ausgegangen werden kann.[35] Es stellt sich danach die Frage, ob die Einwanderung der südarabischen Stämme nicht vielleicht doch früher stattgefunden hat, da ihnen das nötige Transportmittel, das Kamel, schon vor Mitte des 2. Jahrtausends zur Verfügung stand.

Für von Wissmann[36] ist die älteste Rasse die „südarabische“, die vor allem unter halbnomadischen Stämmen des Randgebirges von Hadramaut zu finden sei, und die der weddischen Rasse Indiens ähnele. Eine andere Bevölkerung habe sich längs der Küste von Indien her nach Südarabien verbreitet, diese gondide[37] Rasse sei vor allem im Dekkan in Indien zu finden und lasse sich besonders in der Tihama, d. h. an der Küste des Roten Meeres, im jemenitischen Hochland, im Hadramaut und im Dhofar nachweisen. Äthiopide[38], die zur europiden Rasse gehören, stammen ursprünglich ebenfalls aus Indien (Nordwest-Indien) und sind früh nordwestwärts gezogen. In Südarabien sind sie im Inneren von der Ostabdachung des Jemen über Hadramaut bis zu den Qara-Bergen im Dhofar nachzuweisen. Die Einbrüche von Norden

[33] Jemen-Katalog, S. 109/10.

[34] Siehe Die Geschichte von Saba', I, S. 8 und II, S. 21ff.

[35] Siehe D. T. Potts, The Arabian Gulf in Antiquity, vol. 1, From Prehistory to the fall of the Achaemenid Empire (1990), S. 81/2, 129/130.

[36] Saba I, S. 8ff.

[37] So benannt nach den Gond, die im Innern der Nordhälfte des Dekkans leben, siehe den kurzen, aber wichtigen Aufsatz von Hella Pöch ›Über die äthiopide und die gondide Rasse und ihre Verbreitung‹ in Anthropologischer Anzeiger, Jg. 21 (1957), S. 147ff.

[38] Die Hautfarbe dieser Rasse hat ihr den Namen gegeben: griechisch „aithiops“ bedeutet in etwa „sonnenverbrannt“.

her deuten auf langköpfige Mediterrane und Orientalide hin. Nach Körper- und Gesichtsform sind auch nordeuropide Langköpfe festzustellen. Bei einigen Stämmen im Nordjemen hat man sogar 8 bis 12% blauäugige, blonde Menschen gefunden.

Was nun abschließend die „Rassen“ in Südarabien, d.h. vor allem im Jemen betrifft, so haben die Feldforschungen eine starke Mischung verschiedener Rassen für den Beginn des 1. Jahrtausends v.Chr. ergeben. Grohmann[39] spricht von einer „Mischzone“, die auf viele Wanderungen hindeute, die wichtigste sei dabei wahrscheinlich von Norden und Osten hergekommen.

Es bleibt zu hoffen, daß Archäologen und Anthropologen zusammen in weiteren Grabungen genug Material finden, um die Probleme der verschiedenen Bevölkerungen Südarabiens in den verschiedenen Jahrtausenden weiter zu klären.[40]

[39] Arabien, S. 12.

[40] Am besten informieren immer noch die Arbeiten von Grohmann und von v. Wissmann sowie der kurze Aufsatz von Hella Pöch; siehe weiter ›Rassengeschichte der Menschheit‹. 14. Lieferung. Asien IV: Südwestasien (Hrsg. W. Bernhard), 1993, S. 169ff.

III. SPRACHEN UND SCHRIFT

Schon dieses Kapitel wird zeigen, wie schwierig und mühevoll der Weg ist, den die Wissenschaft noch zurücklegen muß, um ein einigermaßen übersichtliches Bild über die Sprachen und Schrift im alten Südarabien zu gewinnen. Die Schwierigkeiten, denen sich die Sprachforscher gegenübersehen, zeigen die manchmal völlig verschiedenen Übersetzungen ein und derselben Inschrift. Höchstens die Ansichten der Fachgelehrten zur alt-südarabischen Chronologie sind vielfach noch unterschiedlicher.

Die „alt-südarabische" Sprache ist uns lediglich aus Inschriften bekannt; sie gehört zur semitischen Sprachfamilie[1] und weist Beziehungen zu den abessinischen Sprachen auf, aber auch zum Akkadisch-Babylonischen[2].

Bis vor einiger Zeit kannte man das Alt-Südarabische nur aus monumentalen Inschriften, was bedeutete, daß unsere Kenntnisse dieser Sprache begrenzt waren, weil der Inhalt dieser Inschriften beschränkt war. Weihinschriften spielen dabei eine wichtige Rolle; daneben finden sich Bauinschriften, Gesetze, Verträge und auch Grabinschriften. Der Stil dieser Inschriften ist streng und einheitlich. Maria Höfner[3] spricht davon, daß der Stil „oft fast bis zum Formelhaften erstarrt sei". Mit wenigen Ausnahmen wird nur in der dritten Person gesprochen, die erste und zweite Person kommen nur ganz selten vor. In über 5000 publizierten Texten taucht z. B. die zweite Person in weniger als einem Dutzend Fällen auf.[4]

[1] Zu diesem Abschnitt ist das Kapitel ›Vorislamische Inschriften und vorislamische Sprachen des Jemen‹ von A. F. L. Beeston im Jemen-Katalog München (1987), S. 102ff. zu empfehlen, wenngleich schon sehr speziell. Des weiteren in demselben Katalog das Kapitel ›Semitische und indoeuropäische Sprachen‹ von G. Garbini, S. 107ff. und, wenn auch schon etwas veraltet, der instruktive Abschnitt von Maria Höfner, ›Das Südarabische der Inschriften und lebenden Mundarten‹, in Handbuch der Orientalistik, Dritter Band, Semitistik, Leiden (1954), S. 314ff.; siehe auch C. Robin in L'Arabie antique, S. 17ff., 89ff.

[2] Siehe dazu Garbini a. a. O.

[3] S. 317.

[4] Siehe J. Ryckmans, PSAS 5 (1975), S. 61.

Der Umfang der Inschriften variiert, wir kennen welche, die nur aus wenigen Worten bestehen, und solche, die bis zu 1000 Worte enthalten. Die Schrift selbst beeindruckt durch Geradlinigkeit und Klarheit. Einige Inschriften sind, besonders in der Frühzeit, in der Bustrophedon-Form geschrieben, also „wie der Ochse pflügt" in Furchenrichtung. Später ist dann die Schreibrichtung allgemein von rechts nach links. Das alt-südarabische Alphabet bestand aus 29 Buchstaben. Wie hat diese Sprache nun geklungen? Hier sind wir nur auf Vermutungen angewiesen, da es keine Vokalbezeichnungen gibt.

Vor einigen Jahren hat man dann eine ganz andere Art von Inschriften entdeckt: Es handelt sich um kleine Holzzylinder, die mit einem Stift beschrieben sind. Das Wichtige und Neue ist nun, daß wir es mit einer Form kursiver Handschrift zu tun haben. Sie wurde wohl verwandt, um Vorgänge des täglichen Lebens, wie Briefe, Verträge[5] etc. festzuhalten. Diese Schrift in Kleinbuchstaben (unseren kleinen Druckbuchstaben entsprechend) – die monumentale Inschriftenschrift besteht ja aus Großbuchstaben – enthält aber viele neue unbekannte Wörter, so daß es bis zu ihrer völligen Entzifferung noch ein langer Weg sein dürfte.[6] Auffällig ist bei diesen Inschriften, daß hier die erste und zweite Person erwähnt werden.

Habe ich bisher von dem „Alt-Südarabischen" gesprochen, so bedarf dies einer Korrektur. Wir kennen vielmehr vier Dialekte: Minäisch, Qatabanisch, Hadramitisch[7] und Sabäisch. Davon bilden die ersten drei eine Gruppe, die sogenannten s-Sprachen, die dem Sabäischen, einer h-Sprache, gegenüberstehen. Diese Bezeichnungen erklären sich dadurch, daß das Pronominalsuffix in den s-Sprachen mit s, im Sabäischen jedoch mit h beginnt. Neuerdings wird auch von vier verschiedenen Sprachen und nicht Dialekten[8] gesprochen. A. F. L. Beeston[9] ist nämlich der Ansicht, man müsse sie als Sprachen bezeichnen, weil sie sich deutlich voneinander unterscheiden. Allerdings gibt er zu, daß diese Frage abschließend nicht entschieden werden könne, da die Kurzvokale dieser Sprachen unbekannt seien.

[5] Ein Beispiel findet sich im Kalender al-Yaman 1991, Blatt Juni Rückseite.

[6] Siehe dazu A. F. L. Beeston im Jemen-Katalog und J. Ryckmans in Kalender al-Yaman 1991, Blatt November Rückseite, C. Robin in L'Arabie antique, S. 132/3 und vor allem J. Ryckmans, W. W. Müller, Y. Abdallah, Textes du Jemen antique. Inscrits du bois (1994).

[7] Es findet sich auch die Bezeichnung „hadramautisch".

[8] M. Höfner, Handbuch, S. 320, spricht noch von Dialekten.

[9] In PSAS 17 (1987), S. 13/4 und im Jemen-Katalog S. 102ff.

Dennoch schlägt er für diese vier Sprachen einen anderen Terminus vor. Er meint, daß einmal davon auszugehen sei – auch wenn noch endgültige Beweise fehlten –, daß die Himyaren auch eine eigene, nichtsabäische Sprache besessen hätten. Vor allem aber weist er darauf hin, daß man neuerdings drei Inschriften kenne, die in einer unbekannten Sprache abgefaßt seien. Es sei daher zweckmäßig, eine präzisere Definition für die bekannten vier alt-südarabischen Sprachen zu suchen, um sie von anderen alt-südarabischen Sprachformen abzugrenzen. Da nun, so Beeston, die Zentren des Minäischen, Sabäischen, Qatabanischen Reiches und selbst Schabwat, die alte Hauptstadt des Hadramauts, am Rande der Ramlat Sayhad- (heute Ramlat Sabatain-)Wüste lagen, schlägt er die Bezeichnung „Sayhadisch" vor.

Was die Anzahl der sayhadischen Inschriften anbetrifft, so steht das Sabäische zahlenmäßig an der Spitze. Das dürfte sicherlich der Grund dafür gewesen sein, daß 1982[10] gleich zwei Wörterbücher für das Sabäische erschienen sind. Mit großem Abstand folgen minäische und qatabanische Texte, wobei interessant ist, daß erstere auch in Ägypten und auf der griechischen Insel Delos zu finden sind. Die Erklärung ist darin zu suchen, daß die Minäer einen weltweiten Handel betrieben. Hadramitische Texte sind am wenigsten bekannt.

In diesem Zusammenhang sei kurz auf die seit vielen Jahren in der Forschung heiß diskutierte Frage nach der „Erfindung" des Alphabets eingegangen; eine Diskussion, die besonders nach der Auffindung der bekannten Alphabettafeln bei den Ausgrabungen in Ras Schamra (Syrien), dem antiken Ugarit, starken Auftrieb erhielt. Es ging dabei vor allem um die Entwicklung der nord- und südsemitischen Alphabettradition.[11] Welche ist historisch älter? Diese Frage ist bis heute umstritten.[12] Für Jacqueline Pirenne[13] etwa ist das Alphabet im 10. Jahr-

[10] Einmal das Werk von A. F. L. Beeston, M. A. Ghul, W. W. Müller, J. Ryckmans, Sabaic Dictionary (English–French–Arabic) (siehe dazu die ausführliche Besprechung von N. Nebes, BiOr 42 [1982], Sp. 23ff.); und dann das Buch von J. C. Biella, Dictionary of Old South Arabic. Sabaean Dialect (Besprechung N. Nebes, BiOr 41 [1984], Sp. 501 ff.).

[11] Unter Nordsemitisch fallen dabei u. a. das ugaritische, phönizische und proto-kanaanäische Alphabet. Unter Südsemitisch das alt-südarabische, das proto-arabische und einige weitere Alphabete.

[12] Die Literatur zu dieser Diskussion ist mehr als umfangreich und meistens nur den Spezialisten verständlich. Meines Erachtens ist das Buch von M. Dietrich und O. Loretz, Die Keilalphabete. Die phönizisch-kanaanäischen und altarabischen Alphabete in Ugarit, Abhandlungen zur Literatur Alt-Syrien-Palästinas (ALASP), Bd. 1 (1988), am besten geeignet, sich über die Probleme zu

hundert in Phönizien entstanden, und das alt-südarabische gehört viel später in das 5. Jahrhundert v. Chr. W. F. Albright[14] dagegen hält diese Ableitung für unmöglich. Für ihn und andere Forscher[15] stammt die südarabische Schrift von einem der vielen proto-kanaanitischen Alphabete ab, wobei das ugaritische aufgrund seiner Datierung: 14. Jahrhundert v. Chr. als ältester Beweis angesehen werden kann. Das südarabische Alphabet habe sich nicht später als im 13. Jahrhundert v. Chr. vom nördlichen Zweig abgetrennt. A. G. Lundin[16] ist der Ansicht, daß das phönizische Alphabet vom ugaritischen abstammt. Er geht weiter davon aus, daß das Alphabet „in einem einmaligen Akt im semitischen Milieu in Palästina, Phönizien, Syrien, etwa 1500 v. Chr. geschaffen wurde". Von dieser gemeinsamen Basis seien zwei Zweige entsprungen: der nord- und der südsemitische. Das älteste Beispiel für das südsemitische Alphabet sei dabei die Tontafel von Beth-Schemesch, Palästina, die Lundin im 13. Jahrhundert ansetzt[17]. Auch J. Ryckmans[18] geht von einem gemeinsamen Ursprung beider Alphabettraditionen aus. Die Entstehung dieser semitischen Alphabete sei allerdings ein langer und vielfältiger Prozeß gewesen. Diese „Alphabetfamilien" seien älter als das Alphabet von Ugarit und gehörten etwa in die erste Hälfte des 2. Jahrtausends v. Chr. Dies sind einige Meinungen maßgeblicher Sabaisten(innen); die Zahl differierender Ansichten ließe sich beliebig fortführen.

informieren, da es die verschiedenen Ansichten in der Forschung referiert und auch Stellung nimmt. Eine Kurzfassung dieses Werkes nebst Ergänzung durch beide Verfasser findet sich in den Ugarit-Forschungen, Bd. 21 (1989), S. 101 ff.

[13] Siehe La Grèce et Saba (1955), S. 102 ff.; ›Überblick über die Lehrmeinungen zur altsüdarabischen Chronologie‹, Jemen-Katalog, München (1987), S. 122 ff.

[14] Siehe Harvard Theological Studies XII (1969), S. 15.

[15] Siehe etwa E. A. Knauf, PSAS 19 (1989), S. 79 ff. [83].

[16] Siehe Le Muséon 100 (1987), S. 243 ff.; Kalender al-Yaman 1991, Blatt März Rückseite; siehe jetzt auch C. Robin in L'Arabie antique, S. 127 ff.

[17] Über die Bedeutung und Datierung dieser Tontafel gehen die Meinungen allerdings weit auseinander, s. M. Dietrich – D. Loretz, Die Keilalphabete, S. 277 ff., J. Ryckmans, PSAS 18 (1988), S. 123 ff. und zuletzt B. Sass, Ugarit-Forschungen 23 (1991), S. 315 ff.

[18] Siehe zuletzt Bulletin des Séances de L'Academie Royale des Sciences d'Outre-Mer, Louvain-la-Neuve 32 (1986), S. 311 ff., 34 (1988), S. 219 ff., PSAS 18 (1988), S. 123 ff.

IV. ENTDECKUNGSGESCHICHTE

Die Kenntnisse über den Jemen waren in Europa bis in die Mitte des 18. Jahrhunderts sehr dürftig.[1] Die Flotten der Portugiesen waren zwar im 16. Jahrhundert eine der herrschenden Mächte im Roten Meer, Golf von Aden und dem Arabischen Meer, aber abgesehen von Berichten über die Küstenregionen haben die Portugiesen die damaligen Kenntnisse in Europa über den Jemen nicht erweitert.

Der erste Europäer, der im Jemen gereist ist und einen Bericht hinterlassen hat, war der Italiener Lodovico di Varthema aus Bologna. 1504 landete er in Aden, wurde als Christ drei Monate gefangengesetzt und konnte dennoch die Städte Sanaa, Taiz und Aden besuchen. Sein Bericht lieferte allerdings kaum Verwertbares für die Forschung. 1712 ist es ein Franzose, de la Grelaudière, der für kurze Zeit den Nordjemen bereist.

Die erste mit wirklich brauchbaren wissenschaftlichen Ergebnissen durchgeführte Forschungsreise – allerdings unter welchen Opfern erlangt: Von den fünf Teilnehmern starben vier – war ein dänisches Unternehmen. Den Anstoß dazu gab allerdings ein Göttinger: Johann David Michaelis (1717–1791). In dem nach ihm benannten Michaelis-Haus hat der Verfasser 25 Jahre Vorderasiatische Archäologie gelehrt. Michaelis bezeichnete Südarabien als eines der merkwürdigsten Länder der Erde, von dessen Erforschung er wichtige Aufschlüsse vor allem für das Bibelstudium erwartete. Durch seine Initiative wurde der dänische Königshof, vor allem Graf Bernstorf, veranlaßt, eine Expedition zusammenzustellen, die 1761 Europa verließ, etwa ein Jahr in Ägypten verbrachte und Ende Dezember 1762 den Jemen erreichte, wo die Expedition bis August 1763 blieb. Im November kehrte

[1] Eine gute neuere Zusammenfassung findet sich in L'Arabie du Sud, histoire et civilisation, tome 1, S. 91ff., S. 111ff.; weiter: G. Rohner – H. R. von Rohr, Yemen. Land am „Tor der Tränen" (1979), S. 36ff., J. Pirenne, A la découverte de l'Arabie – cinq siècles de science et d'aventure (1985); F. Hommel, Ethnologie und Geographie des Alten Orients, Handbuch der Altertumswissenschaft, 3. Abt., 1. Teil, 1. Bd. (1926), S. 522ff.; A. Grohmann, Arabien, S. 95ff. Vor allem in den beiden letzten Werken finden sich Hinweise auf die Publikationen der nachfolgend genannten Forscher.

Carsten Niebuhr als einziger Überlebender in seine Heimat zurück. Das Interessante und Ungewöhnliche für diese Expedition Mitte des 18. Jahrhunderts war, daß Vertreter verschiedenster Wissenschaftszweige daran teilnahmen: Carsten Niebuhr als Ingenieur, F. C. von Haven als Philologe, Ch. Cramer als Arzt, P. Forskäl als Botaniker und G. G. Baurenfeind als Maler. Carsten Niebuhr hat wahrscheinlich als erster Europäer in Mocha eine alt-südarabische Inschrift gesehen. Die Ergebnisse dieser mehrjährigen Reise hat Niebuhr vor allem in seinem berühmten dreibändigen Werk ›Reisebeschreibung nach Arabien und anderen umliegenden Ländern‹ niedergeschrieben.

1811 wurden dann mehrere kleine Inschriftenfragmente in Wien veröffentlicht, die ein Jahr vorher der Deutsche Ulrich Jasper von Seetzen im Jemen zu Gesicht bekommen hatte. Diesen „Ruhm" mußte er allerdings im Jahr der Veröffentlichung mit dem Tod bezahlen. Den englischen Seeoffizieren J. R. Wellstedt, C. J. Cruttenden und J. G. Hulton ist es zu verdanken, daß zwischen 1834–1836 weitere Inschriften in Europa bekannt wurden. 1837 bereiste dann ein Mann den Jemen, der fünf Jahre später die vorderorientalische Archäologie „begründen" sollte: der Franzose Paul Emile Botta, der 1842 in Niniveh zu graben begann, allerdings ohne Erfolg, dafür um so erfolgreicher kurz danach in Chorsabad, der neuassyrischen Hauptstadt Dur-Scharrukin; im Jemen allerdings war er als Botaniker und Arzt Muhammad Alis, des Vizekönigs von Ägypten, tätig, der im Auftrag des Sultan Salim die Wahhabiten im Hedschas besiegte.

1843 erforschte ein Deutscher, Adolf von Wrede, den Hadramaut und berichtete als erster über eine hadramitische Inschrift. Leider sind seine Berichte erst viel später, 1870, von H. von Maltzan, der sich selbst um die Erforschung Südarabiens sehr verdient gemacht hat, veröffentlicht worden, da von Wrede zu Lebzeiten als Schwindler bezeichnet und seine Berichte als Phantastereien abgetan wurden.

Als Kuriosum ist zu erwähnen, daß um 1859 in der Sumerermetropole Uruk im südlichen Mesopotamien eine südarabische Inschrift auftauchte. Heute befindet sie sich im Britischen Museum. Anfang der 60er Jahre erwarb der englische Oberst Coughlan in Aden ca. 40 Bronzetäfelchen mit südarabischen Inschriften, die beim Hausbau in Amran, einem Städtchen nördlich von Sanaa, gefunden worden waren. Unglücklicherweise wurden nur die am besten erhaltenen nach Aden geschickt, die anderen, schlechter erhaltenen, wurden eingeschmolzen. Diese Täfelchen sind ebenfalls im Britischen Museum zu bewundern.

Die für die alt-südarabische Inschriftenkunde bedeutsame Epoche beginnt in demselben Jahr mit den kühnen und erfolgreichen Reisen des Franzosen Th. J. Arnaud, der ebenfalls wie Botta in den Diensten des ägyptischen Vizekönigs stand, und zwar als Apotheker. Er war der erste Europäer, dem es gelang – wenn nicht Seetzen, aber darüber fehlen uns sichere Nachrichten –, die Sabäerhauptstadt Marib zu besuchen. 56 Kopien südarabischer Inschriften waren die Ausbeute des wagemutigen Unternehmens. Bemerkenswert ist auch, daß diese Kopien schon zwei Jahre später, 1845, publiziert wurden.

Einen großen Auftrieb erhielt dann die Forschung durch die Reisen des französischen Semitisten Joseph Halévy. Im Auftrage der «Académie des Inscriptions et Belles-Lettres» bereiste er 1869/70 den Jemen, um Material für das von der Akademie herausgegebene «Corpus Inscriptionum Semiticarum» zu beschaffen. Neben Marib besuchte er auch Qarnawu, die Hauptstadt des Minäerreiches, und Sirwah, die erste Hauptstadt des sabäischen Reiches, noch vor Marib. Insgesamt konnte er 686 sabäische und minäische Inschriften kopieren.

Weitere 22 neue Inschriften verdanken wir dem Österreicher Siegfried Langer, der 1882 die Strecke Hodeida – Sanaa bereiste. Kurz danach wurde er jedoch bei dem Versuch, von Aden ins Landesinnere vorzudringen, ermordet. Das Jahr 1882 bedeutete einen Wendepunkt in der spannenden Geschichte der Forschungsreisen in Südarabien; man kann von hier ab eine völlig neue Epoche datieren. Von nun ab spielt bis heute die Persönlichkeit des Österreichers Eduard Glaser eine entscheidende Rolle in der Jemen-Forschung. Auf vier langen Reisen zwischen 1882–1894 sammelte er an die 2000 alt-südarabische Inschriften, entweder in Kopien oder Abklatschen – Glaser war der erste, der dieses Verfahren mit Bürste und Papier in Südarabien anwendete –, und erwarb außerdem zahlreiche Inschriftensteine, Reliefs und andere Altertümer, die sich heute auf verschiedene Museen in Europa verteilt finden.

Für das Ende des 19. Jahrhunderts sind dann noch das englische Ehepaar J. Theodore und Anna Bent zu nennen, das u. a. mehrere Inschriften im Hadramaut kopierte.

Einer der ersten, der eine umfangreiche Fotoausrüstung auf seinen Jemenreisen mitführte und dem wir somit die erste große Fotodokumentation des Nordjemen verdanken, war der Deutsche Hermann Burchardt, der 1902 zum ersten Mal den Jemen bereiste und auf seiner dritten Reise 1909 zusammen mit seinem italienischen Begleiter ermordet wurde; sein epigraphisches Material gelangte in die Berliner Staatlichen Museen.

1908 wurde auf der griechischen Insel Delos eine griechisch-minäische Bilingue gefunden.

Der Erste Weltkrieg bildete dann eine Zäsur in der Erforschung Südarabiens. Erst ab 1927 begann mit den Reisen von Carl Rathjens und Hermann von Wissmann eine neue Etappe. Obwohl beide nicht Archäologen oder Epigraphiker waren – Rathjens war Völkerkundler, von Wissmann Geograph –, erbrachten ihre Reisen doch eine große Zahl von Inschriften. Ebenso bedeutsam ist aber auch, daß beide Forscher mit offizieller Genehmigung 1928 die erste systematische Ausgrabung im Jemen durchführten. Sie legten einen sabäischen Tempel bei al-Huqqa nördlich von Sanaa frei. Zusammen mit dem holländischen Konsul D. van der Meulen bereiste von Wissmann 1931 den Hadramaut. Aber erst 1934 gelang es einem Deutschen, Hans Helfritz, zum ersten Mal, allerdings nur für eine Nacht und wenige Tagesstunden, die Hauptstadt des antiken Reiches Hadramaut, Schabwat, zu erreichen. Später ist gerade diese Reise von Helfritz als „für die Archäologie nahezu ergebnislos“[2] bezeichnet worden, aber man sollte nicht vergessen, daß Helfritz seine zahlreichen Reisen allein und ohne große Hilfe durchführte.

Aber nicht nur Europäer beteiligten sich an der Erforschung Südarabiens. Zwischen 1926–1936 unternahm der Syrer Nazih al-Mu'ayyad al-ʿAzm mehrere Reisen im Jemen, die ihn auch nach Marib und Sirwah führten. Sicherlich war es eine Erleichterung für ihn, daß er kein Europäer war. Eine weitere nichteuropäische Expedition entsandte 1936 die Universität Kairo, deren Interessen zwar in erster Linie auf geologischem, geographischem und klimatologischem Gebiet lagen, die aber dennoch, unter Mitwirkung von M. Taufiq, S. A. Huzayyih und H. Y. Nami, auch zahlreiche, bis dahin unbekannte Inschriften kopierte und sogar zwei kleinere Grabungen im Hadramaut durchführte.

1936 untersuchte dann der berühmte Arabienreisende, der Engländer St. John Philby, die Ruinen von Schabwat gründlich. 1937/8 reisten die beiden Engländerinnen Gertrude W. Caton-Thompson und Freya Stark im Hadramaut, wobei unter der Leitung von Frau Caton-Thompson in al-Hureida im Wadi ʿAmd ein Tempel des Mondgottes Sin ausgegraben wurde. Im selben Jahr unternahm der englische Major R. A. B. Hamilton eine kleine Grabung in Schabwat.

Zwischen 1944–1945 erschien der Ägypter M. Taufiq im Jemen und besuchte Main, Yatill (modern Baraqisch) und andere minäische

[2] Siehe Grohmann, Arabien, S. 101, Anm. 1.

Städte. Besonders die Fotos von minäischen Bauten und Inschriften waren eine Hilfe für die Forschung. Ein weiterer Ägypter, Ahmed Fakhri, ein Archäologe, setzte 1947 die Unternehmungen seines Landsmannes Taufiq fort. Die Ausbeute war groß. Vor allem machte er gute Aufnahmen der sabäischen Inschriften von Marib und Sirwah. Weiterhin fertigte er zuverlässige Pläne verschiedener antiker Stätten an.

In die Zeit der 30er und 40er Jahre dieses Jahrhunderts fallen noch manche andere Forschungsreisen, die nicht alle genannt werden können; an Namen seien hier nur das englische Ehepaar W. Harold und Doreen Ingrams sowie R. B. Serjeant erwähnt.

Es sollte dann 1950 das bisher größte archäologische Unternehmen in Südarabien folgen: Die Grabungen in und um Timna, der Hauptstadt des antiken Reiches von Qataban, im ehemaligen Südjemen liegend; „veranstaltet“ im wahrsten Sinne des Wortes wurden sie von der “American Foundation for the Study of Man”, die extra zu diesem Zweck von Wendell Phillips gegründet wurde. Phillips, Amerikaner, war eine Mischung aus Abenteurer, Journalist und Forscher, der es verstand, seine Unternehmungen gut „zu verkaufen“. Sein Verdienst ist es, daß es ihm gelang, sehr gute Mitarbeiter zu gewinnen, wie etwa W. Foxwell Albright, A. Jamme, A.M. Honeyman und R. Le Baron Bowen, um nur einige zu nennen. Neben den Grabungen in Timna selbst wurden auch sehr erfolgreiche Untersuchungen in der näheren und weiteren Umgebung durchgeführt; das ganze Unternehmen dauerte bis 1951. Während der Arbeiten in Timna hatte sich Phillips bemüht, eine Grabungslizenz für Marib zu erhalten. Während Timna, im Wadi Beihan liegend, zum britischen Aden-Protektorat gehörte, befand sich das nur ca. 60 km Fahrstrecke entfernte Marib im Königreiche Jemen. Beide Länder waren sich nicht gerade freundlich gesonnen.

Überraschenderweise erhielt Phillips vom Imam im Frühjahr 1951 eine Grabungslizenz für Marib, und im Dezember desselben Jahres wurde mit der Grabung dort begonnen. Das Unternehmen mußte aber schon Mitte Februar 1952 plötzlich, unter Zurücklassung der Ausrüstung und der meisten Funde, abgebrochen werden; die Expeditionsmitglieder flüchteten in das benachbarte Aden-Protektorat. Warum der sehr fremdenfeindliche Imam überhaupt eine Grabungslizenz erteilt hatte, ist nicht klar. Vielleicht waren es politische Gründe, indem er hoffte, durch das Hereinlassen einer amerikanischen Expedition in sein Land den britischen Einfluß in Südarabien zu bremsen. Wenn man Phillips bekanntes Buch ›Kataba und Saba‹ liest, in dem die Grabungen in Timna und Marib, vor allem aber das „Drum und Dran" beschrieben wird, so kann man sich, wenn man die orientalische Mentalität etwas kennt und dann noch die Situation im damaligen Nordjemen berücksichtigt, nicht allzusehr über die Vorgänge wundern. Wie nicht zum ersten Mal, wurde hier von Nicht-Orientalen die Mentalität der in diesem Teil der Erde lebenden Menschen kaum oder gar nicht berücksichtigt. Phillips wollte anscheinend Marib in eine archäologische „Großbaustelle" verwandeln; u.a. plante er einen Flugplatz in Marib einzurichten und verlangte, daß zahlreiche neue Straßen gebaut werden sollten.

Kurz nachdem Phillips Team Marib fluchtartig verlassen mußte, kam eine ägyptische Mission ins Land; ihr gehörten u. a. H. Y. Nami und F. Sayyid an. Die Forscher konnten auch Marib aufsuchen, wo sie zahlreiche Inschriften photographierten.

1952/53, 1958 und 1962 fanden Ausgrabungen in Chor Rori in Oman, dem alten Sumhuram[3], einem hadramautischen Hafen statt, wobei neben mehreren Inschriften auch ein Tempel entdeckt wurde. 1974 starb der englische Archäologe Andrew Williamson, als er mit seinem Wagen auf eine Mine fuhr, nachdem er einige Abklatsche von den Inschriften in Chor Rori gemacht hatte.

Von 1959–1960 führte der Engländer Lankester Harding eine systematische Untersuchung und Bestandsaufnahme der Ruinen des ehemaligen Südjemen durch, die dann in einem als Standardwerk zu bezeichnendem Buch ›Archaeology in the Aden Protectorates‹ 1964 erschien. Als Ergänzung dazu ist noch das Buch von Brian Doe zu nennen, ›Monuments of South Arabia‹ (1983).[4] Doe war mehrere Jahre lang Direktor des Department of Antiquities in Aden.

Der Bürgerkrieg ab 1962 im nördlichen Teil des Jemen und die Unruhen im Aden-Protektorat verhinderten dann für einige Jahre größere wissenschaftliche Unternehmungen im Jemen. Erst Anfang der 70er Jahre, nachdem sich zwei neue Staaten, die „Arabische Republik Jemen" im Norden und die „Demokratische Volksrepublik Jemen" im Süden, etabliert hatten, erwachte das wissenschaftliche Interesse an Südarabien wieder. 1970 wurde ein kleines deutsches Team, bestehend aus einem Epigraphisten, W. W. Müller, einem Arabisten, W. Diem, und einem Archäologen, W. Radt, vom Nordjemen eingeladen und

[3] Wie der Name gelesen werden muß, ist umstritten; siehe J. Pirenne, Oman Studies 1 (1975), S. 81ff. und A. F. L. Beeston 2 (1976), S. 39ff.

[4] Ein Vorläufer dieses Buches erschien 1970 unter dem Titel ›Southern Arabia‹, das dann im selben Jahr ins Deutsche übersetzt wurde: ›Südarabien. Antike Reiche am Indischen Ozean‹.

konnte im Lande umherreisen.[5] Von 1971–1975 war der Italiener P. Costa als archäologischer Berater der Regierung tätig; ihm ist vor allem der Aufbau bzw. die Reorganisierung des Nationalmuseums zu verdanken.

1975 begannen die Franzosen unter der Leitung von Jacqueline Pirenne mit den Ausgrabungen in Schabwat, der Hauptstadt des Reiches von Hadramaut. 1977 übernahm dann J.-F. Breton die Leitung.[6] Die Grabungen dauerten bis 1987. Ab 1978 starteten die Franzosen eine systematische Erforschung des Wadi Hadramaut. Sie entdeckten nicht weniger als neun Tempel.[7] Außerdem führten die Franzosen auch seit 1978 mehrere Surveys und Grabungen im Nordjemen, im Gebiet des Dschauf und in der Provinz al-Bayda durch.[8]

Der deutsche Archäologe H. Hauptmann bereiste Anfang 1977 im Auftrage der UNESCO den Nordjemen, um die dortige Regierung bei archäologischen Projekten zu beraten und bei der Planung eines neuen Museums in Sanaa behilflich zu sein.[9] 1978 eröffnete das Deutsche Archäologische Institut die Station Sanaa. Die Leitung übernahm J. Schmidt.[10] Vor allem im Gebiet von Marib hat das Institut wichtige Untersuchungen durchgeführt. Die Italiener schließlich, um die „Internationalität" der Forschungen zu zeigen, haben in den 80er Jahren umfangreiche Surveys und Grabungen zur Erforschung der Steinzeit im Nordjemen unternommen.[11] Von 1982–1985 nahm dann auch wieder die "American Foundation for the Study of Man" ihre Arbeit im Nordjemen auf. Nicht unerwähnt bleiben dürfen auch die sowjetisch-jemenitischen Grabungen seit 1972 im Hadramaut, vor allem in Qana und Raybun.

[5] Siehe W. Radt, Archäologischer Anzeiger 1971, S. 235ff.

[6] Siehe Pirenne, Raydan 1 (1978), S. 125ff., J.-F. Breton, R. Audouin, J. Seigne, Raydan 4 (1981), S. 163ff.; J.-F. Breton, Jemen-Katalog, S. 116ff. Zusammenfassung der gesamten Grabungsergebnisse in Syria 68 (1991), S. 1–431.

[7] Siehe J.-F. Breton, Raydan 2 (1979), S. 185ff.

[8] Siehe C. Robin, CRAI 1981, S. 315ff., C. Robin – J. Ryckmans, Raydan 3 (1980), S. 113ff.

[9] Siehe H. Hauptmann, Yemen Arab Republic, Archaeological Research, Restricted Technical Report, Serial No. FMR/CC/CH/78/106 (PP), Paris 1978.

[10] In der vom Institut herausgegebenen Reihe ›Archäologische Berichte aus dem Yemen‹ sind seit 1982 acht umfangreiche Bände erschienen.

[11] Siehe die Aufsätze von G. M. Bulgarelli, F. G. Fedele und A. de Maigret im Jemen-Katalog, S. 33ff. Auf diese Forschungen wird im Kapitel ›Geschichte Südarabiens, Vorgeschichte‹ noch näher eingegangen.

Am Ende dieses gerafften Überblicks über die Forschungsgeschichte Südarabiens, wobei selbstverständlich nicht alle Forscher und Unternehmungen, die sich mit diesem Gebiet beschäftigt haben, genannt werden konnten, bleibt festzuhalten, daß die „Geschichte" eine „Geschichte" von Persönlichkeiten ist. Sie haben die Südarabienforschung geprägt: Niebuhr, Halévy, Glaser, von Wissmann, Rathjens, Fakhri, Gertrude Caton-Thompson, Philby, um nur einige nochmals zu erwähnen. Man wird stark an die Frühzeit der Entdeckungsgeschichte in Mesopotamien erinnert. Nach dem Ende des Zweiten Weltkrieges allerdings hat sich die Situation geändert. Die „Pionierzeit" war vorbei, jetzt beherrschten die gut organisierten, größeren Expeditionen die Szene.

V. GESCHICHTE SÜDARABIENS

1. Vorgeschichte

Die prähistorische Zeit in Südarabien war lange Zeit kaum archäologisch erfaßt. Heute erscheint es etwas seltsam, daß sich die Jemenforschung überwiegend nur mit den Relikten der alten südarabischen Reiche beschäftigt hat, als ob vorher Südarabien ein geschichtsloser Raum gewesen wäre. Im ehemaligen Südjemen begannen die Feldforschungen dabei zeitlich etwas früher. Vielleicht war es die politische Anwesenheit der Engländer in diesem Gebiet, die die archäologischen Unternehmungen erleichterten.

Gertrude Caton-Thompson, die 1938 die Ausgrabung des Sin-Tempels durchgeführt hatte, fand im gleichen Jahr, ebenfalls im Wadi Hadramaut, verschiedene Gruppen von Feuersteinartefakten, von denen drei in das Paläolithikum und eine ins Neolithikum gehören.[1] Zu erwähnen ist auch der mehrmonatige Survey von G. Lankaster Harding, den dieser 1959/60 in den früheren Aden-Protektoraten unternommen hat.[2] Weiteres umfangreiches Material für das Paläolithikum im Hadramaut lieferte der Survey des Smithsonian Instituts, Washington, unter der Leitung von G.W. Van Beek in den Jahren 1961–1962.[3]

Die Fundstelle von Dschebel Tala in der Provinz Lahedsch, ca. 20 km nördlich der gleichnamigen Hauptstadt, ist nach Ansicht B. Does[4] die älteste vorgeschichtliche Fundstelle auf arabischem Boden. Die dort gefundenen Werkzeuge, vor allem Faustkeile, gehören zur

[1] Siehe Geographical Journal 93 (1939), S. 18ff., Proceedings of the Prehistoric Society 19 (1953), S. 189ff.

[2] Siehe G. L. Harding, Archaeology in the Aden Protectorates (1964).

[3] Siehe G. W. Van Beek – G. H. Cole – A. Jamme, The Smithsonian Report 1963, S. 521ff.

[4] Siehe Südarabien, S. 150/51; J. Chelhod, L'Arabie du Sud, tome 1, S. 27. Nach letztem sind die Funde von Dschebel Tala von einer russischen Mission unter Leitung von S. Chirinski 1972 gemacht worden. Da Doe aber schon in seinem 1970 erschienenen Buch über die Funde berichtete, muß es sich wohl um zwei verschiedene Fundplätze in derselben Gegend handeln.

Acheuléen-Industrie, eine Zeit, die nach Doe 450000–300000 Jahre[5] zurückliegt. Er bezeichnet diese „Faustkeilleute" als die ersten Bewohner Südarabiens, wobei er allerdings offenläßt, woher sie kamen. Doe schließt nicht aus, daß diese Faustkeiltechnik durch Wanderungen beiderseits des Roten Meeres in nordsüdlicher Richtung verbreitet wurde. Erwähnt sei, daß 1983 ein italienisch-jemenitisches Team in der Ebene von Dhamar, einige Kilometer südlich des Ortes Ma'bar im ehemaligen Nordjemen, ähnliche Faustkeile gefunden hat.[6]

Im Nordjemen begannen die altsteinzeitlichen Forschungen, wie schon gesagt, später. 1969 fand G. Garbini[7] bei Bait Na'am, ca. 20 km westlich von Sanaa, Obsidianwerkzeuge, die er vorsichtig in das Mittlere Paläolithikum datiert.

Ab Mitte der 70er Jahre wurde die Vorgeschichte Südarabiens dann durch größere Missionen systematisch untersucht. Es sind dabei vor allem die Franzosen und die Italiener zu nennen. 1974 führten die Franzosen unter der Leitung von R. Bayle des Hermens[8] einen zweimonatigen Survey im Nordjemen durch. Sie fanden etwa 20 prähistorische Plätze, dazu Fundorte mit Felsmalereien,[9] etwa 10 Tumuli und einige megalithische Felsanlagen.[10] Zusammenfassend kamen die Franzosen zu dem Ergebnis, daß die paläolithische Periode nicht sehr oft nachgewiesen werden konnte, dagegen sei das Neolithikum wesentlich häufiger vertreten gewesen. Es habe dabei aber regionale Un-

[5] Unter Bezugnahme auf Doe gibt G. M. Bulgarelli, Jemen-Katalog, S. 34 allerdings die Daten: 400000–200000, während Chelhod unter Bezug auf Chirinski von 500000–200000 spricht.

[6] Siehe Bulgarelli, Jemen-Katalog, S. 33/4, EW 33 (1983), S. 343.

[7] Siehe Garbini in AION 30 (1979), S. 400 ff., S. 537 ff., weiter Bulgarelli, Jemen-Katalog, S. 33/4; R. Bayle des Hermens in L'Arabie du Sud, tome 1, S. 186.

[8] Siehe R. Bayle des Hermens, L'Anthropologie 80 (1976), S. 5 ff., 84 (1980), S. 563 ff., L'Arabie du Sud, tome 1, S. 185 ff., siehe ferner M. L. Inizian, Raydan 5 (1988), S. 71, über einen Survey im Gebiet von Schabwa.

[9] Felszeichnungen betreffend siehe ferner M. Jung, EW 41 (1991), S. 47 ff., weiter in AION 49 (1989), S. 271 ff., 50 (1990), S. 41 ff.

[10] Eine der bedeutendsten Anlagen befindet sich in der Nähe der Straße Hodeida–Taiz. Sie ist unter dem Namen „al Hedjar al-Gaimah" („Die stehenden Steine") bekannt; siehe H. Peters, Jemen-Report Nr. 5 (1974), S. 12 ff.; er war aber nicht der erste Besucher. Vor ihm haben schon G. Benardelli und A. E. Parrinello diesen Platz beschrieben, siehe in AION 30 (1970), S. 117 ff. Siehe auch den Aufsatz von W. Dostal: Zur Megalithfrage in Südarabien, Festschrift Werner Caskel, hrsg. von E. Gräf (1968), S. 53 ff.

terschiede gegeben. So müsse man etwa das Gebiet um Marib von dem Neolithikum im Norden um Sanaa unterscheiden. Dasselbe gelte für die Regionen der Tihama am Roten Meer und der um Sanaa und Dhamar.

Die Italiener haben seit 1980 mehrere umfangreiche Surveys, vor allem im ehemaligen Nordjemen, in Kooperation mit den Nordjemeniten durchgeführt. Unter anderem wurden Fundplätze aus dem Mittleren Paläolithikum entdeckt. Zu nennen wäre vor allem Humayd al 'Ayn in der Gegend von Chaulan at-Tiyal[11] und, nicht weit entfernt, al-Masanna[12]. Der noch ältere Fundplatz in der Nähe von Ma'bar wurde schon im Zusammenhang mit dem Fundort von Dschebel Tala im Südjemen erwähnt. Im Laufe der folgenden Jahre gelang es den Italienern dann, zahlreiche weitere Plätze aus den verschiedensten vorgeschichtlichen Perioden bis hin zum Beginn der historischen Zeit, also etwa um 1000 v. Chr., zu finden.[13]

Zu erwähnen sind schließlich auch noch die neueren Forschungen der "American Foundation for the Study of Man", die auch nach dem Tode W. Philipps weiter im Jemen tätig war. Von 1982–1985 arbeitete ein Team entlang der Weihrauchstraße im Wadi al-Jubah, halbwegs zwischen Marib und Timna, im ehemaligen Nordjemen.[14] Das Ziel war, in dieser bisher kaum erforschten Gegend archäologische Fundplätze aller Perioden zu finden. Abgesehen von wenigen paläolithischen Funden, wurden zahlreiche Plätze aus der neolithisch-chalkolithischen Zeit, ca. 5.–4. Jahrtausend v. Chr., entdeckt.

[11] Der Fundort befindet sich ca. 40–50 km südöstlich von Sanaa: siehe A. de Maigret, Raydan 4 (1981), S. 197/98; G.M. Bulgarelli, EW 33 (1983), S. 342/43, Jemen-Katalog, S. 33.

[12] Siehe Bulgarelli a. a. O.

[13] Siehe die Artikel von Bulgarelli, F. G. Fedele und de Maigret im Jemen-Katalog, S. 33ff., dort finden sich weitere Literaturangaben; ferner die drei oben genannten Autoren in EW 35 (1985), S. 337ff., de Maigret, Raydan 4 (1981), S. 194ff., und ferner de Maigret und andere in Paléorient 15/1 (1989), S. 239ff. Bezüglich neolithischer Funde in der Wüste Ramlat Sayhad siehe F. di Mario, AION 49 (1989), S. 109ff.

[14] Siehe dazu M. R. Toplyn, The Wadi al-Jubah Archaeological Project, vol. 1, Site Reconnaissance in North Jemen (1982), American Foundation for the Study of Man; J. A. Blakely, J. A. Sauer, M. R. Toplyn, vol. 2 (1985); W. D. Glanzman, A. O. Ghaleb et al., vol. 3 (1987); W. C. Overstreet, M. J. Grolier, M. R. Toplyn et al., vol. 4; J. A. Blakely, J. A. Sauer, Expedition. 27 (1985), S. 2ff.; weiter in Araby the Blest, Hrsg. D. Potts (1988): J. A. Blakely, J. A. Sauer, S. 91ff. (mit einer umfangreichen Bibliographie).

Versucht man, aus diesen und anderen Surveys für die vorgeschichtlichen Perioden des Jemen ein Fazit zu ziehen, so ist festzustellen, daß auf jeden Fall in Teilen dieser Region Südarabiens im Paläolithikum Menschen gelebt haben. Was den ehemaligen Nordjemen anbetrifft, so sind hier besonders das jemenitische Hochland, die Gegenden des östlichen Gebirgsabfalls und die Talwege entlang der Wadis in der Tihama zu nennen.[15] Für den ehemaligen Südjemen ist es vor allem das Gebiet des Wadi Hadramaut und die Gegend südlich des Dschebel Tala sowie das Gebiet um Schabwa.[16]

Das Neolithikum im Nordjemen ist, wie schon vorher erwähnt, die am weitesten verbreitete prähistorische Zivilisation, wobei regionale Unterschiede festgestellt wurden.[17] Im ehemaligen Südjemen ist das Neolithikum bisher nicht sehr häufig nachgewiesen worden. An erster Stelle ist wieder das Wadi Hadramaut[18] zu nennen. Daneben berichtet B. Doe[19] von neolithischen Artefakten rings um Fort Habarut, fast 300 km östlich von Tarim an der Grenze zum Dhofar, Oman, hin. Schließlich ist auch wieder die Region um Schabwa zu erwähnen.[20]

Vor allem durch die italienischen Forschungen[21] zwischen 1981–1985 im Gebiet von Chaulan at-Tiyal, ca. 40–50 km südöstlich von Sanaa, konnte dann die „Lücke" zwischen dem Neolithikum und der historischen Periode geschlossen werden. Es scheint so, daß diese bronzezeitliche Kultur im Nordjemen das gesamte 2. Jahrtausend v. Ch. umfaßte. In diesen Zusammenhang gehören auch die Funde der amerikanischen Expedition im Wadi al-Jubah, die u.a. bei dem Fundort Hajar at-Tamrah[22] ein C^{14}-Datum: 1330 ± 110 v. Chr. (CCR =

[15] Siehe Bulgarelli, Jemen-Katalog, S. 36.

[16] Siehe J.-F. Breton, Jemen-Katalog, S. 119.

[17] Siehe die Literatur zu Anm. 8 und 13, weiter Fedele, Jemen-Katalog, S. 35ff., de Maigret, Bulgarelli und andere in EW 35 (1985), S. 337ff. Fedele datiert diese Periode etwa in die Zeit 20000–2000 v. Chr.

[18] Siehe B. Doe, Südarabien, S. 230, Monuments of South Arabia, S. 36.

[19] Südarabien, S. 230, unter Berufung auf G. Lankester Harding. Wenn Doe diesen Platz allerdings unter der geographischen Einordnung „Hadramaut" bringt, so ist dies nicht ganz korrekt, Habarut liegt im Mahraland.

[20] Siehe Breton, Jemen-Katalog, S. 119.

[21] Siehe de Maigret in Jemen-Katalog, S. 39ff.; derselbe in EW 34 (1984), S. 75ff., EW 35 (1985), S. 352ff.; L. Constantini, EW 34 (1984), S. 107ff.; Fedele, EW 34, S. 117ff.; zuletzt de Maigret ›The Bronze Age Culture of Hawlan at-Tiyal and al-Hada, Reports and Memoirs‹ (ISMEO) XXIV (1990).

[22] Siehe Anm. 14, weiter auch E.A. Knauf, PSAS 18 (1988), S. 39ff. [46ff.].

kalibriertes Datum 1850–1385 v. Chr.) für die untersten Schichten ergab.

Zu beachten sind für die genannten Perioden aber auch die Forschungen in den anderen Teilen Arabiens. Zu nennen sind hier etwa die paläo- und neolithischen Funde, die man in der großen Sandwüste Rub al-Chali (Saudi-Arabien) gemacht hat. Im Oman, in den Vereinigten Arabischen Emiraten und in Bahrain haben Surveys und Grabungen ebenfalls Beziehungen und Verbindungen mit dem Jemen aufgezeigt.[23]

Auch wenn unsere Kenntnisse immer noch sehr lückenhaft sind, so kann man doch heute schon feststellen, daß in Südarabien die Geschichte nicht erst mit den alt-südarabischen Königreichen begann, dieses Gebiet spielte schon lange davor eine wichtige Rolle, vor allem auch als Brücke zwischen Afrika und Asien.

2. Die alt-südarabische Chronologie und ihre Probleme

Der historisch faßbare Abschnitt der Gesamtgeschichte Südarabiens ist sicherlich faktenreicher und wohl auch dem interessierten Leser nahestehender als die vorhergehenden Perioden. Mit diesem Abschnitt aber sind wir auch mitten in den Schwierigkeiten, die die Südarabienforschung dieses Zeitabschnittes in sich birgt. Es ist die Frage der absoluten und auch relativen Chronologie. Die Grabungen in Südarabien sind im Vergleich zu anderen Ländern des Alten Orients zahlenmäßig wesentlich geringer und haben kaum etwas zur Aufstellung einer absoluten Chronologie beigetragen. Auch die sonst häufig für eine absolute Datierung sehr hilfreiche Radiocarbon(C^{14})-Methode hat nicht viel erbracht, da für die historische Zeit die Fehlergrenze im allgemeinen zu hoch ist.[24] Macht man sich weiter klar, daß

[23] Für die verschiedenen Länder sind vor allem die schon vorher häufig erwähnten Zeitschriften (siehe Anm. 24–28 im Kap. II ›Die Menschen‹) heranzuziehen.

[24] So haben die Ausgrabungen der Amerikaner in Hajar bin Humeid (Gebiet von Beihan, ehemaliges Reich von Qataban) gerade mal zwei C^{14}-Daten erbracht: 852/851 v. Chr. ± 160 und 740 v. Chr. ± 100. Einmal sind zwei Daten zuwenig, weiter sind die möglichen Abweichungen, ± 160 und ± 100 zu hoch. Siehe dazu G. Van Beek, Hajar Bin Humeid: Investigations at a pre-islamic site in South Arabia, Publ. of the American Foundation for the Study of Man (1969), S. 355ff., J. Ryckmans, Besprechung des Buches von Van Beek in BiOr 29 (1972), S. 237 und von Wissmann, ANRW II. 9.1 (1976), S. 322.

es nur ein absolutes, gesichertes Datum für die historische Periode gibt: nämlich den Feldzug der Römer unter Aelius Gallus in den Jahren 25/24 v. Chr. gegen das Sabäerreich, so liegen die Schwierigkeiten offen dar.

Deshalb hat die Südarabienforschung versucht, das Problem einer Chronologie in erster Linie mittels der Paläographie, der Wissenschaft, die sich mit der Deutung der Schrift in alten Dokumenten, aus welchem Material auch immer, beschäftigt, zu lösen. Genauso nämlich, wie Sprachen sich weiterentwickeln, verändern sich auch Schriften, so daß man eine relative zeitliche Einordnung der überlieferten südarabischen Inschriften vornehmen kann.[25] H. von Wissmann spricht in diesem Zusammenhang von „Paläographischen Stufen" und J. Pirenne, die beiden großen Antipoden auf diesem Gebiet, von «periodes graphiques» oder «stades graphiques».

Aber, und das ist die Crux: Die Fachleute sind sich bei der zeitlichen Einordnung der verschiedenen Inschriften mehr als uneinig. Man braucht nur die zahlreichen Aufsätze, die seit 1953[26] in der Zeitschrift ›Bibliotheca Orientalis‹ zu Fragen der Chronologie erschienen sind, zu lesen, um die Problematik zu erkennen. So spricht man heute, genauso wie in der mesopotamischen Archäologie,[27] von drei verschiedenen Chronologien: der „Langen Chronologie", der „Vermittelnden" und der „Kurzen Chronologie".[28] Nachfolgend werden diese drei Chronologien vorgestellt und anschließend einige Argumente pro und contra erörtert. Die älteste ist dabei die „Lange Chronologie", die am Anfang vor allem von E. Glaser[29] und F. Hom-

[25] Siehe zur Rolle der Paläographie J. Ryckmans, Kalender al-Yaman 1991, Blatt November Rückseite.

[26] Es handelt sich um den Aufsatz von J. Ryckmans, La Chronologie sudarabe du premier siècle avant notre ère, BiOr 10 (1953), S. 205 ff.; siehe dazu auch Pirenne, BiOr 26 (1969), S. 303 ff., wo die weiteren Aufsätze in BiOr genannt werden; nach 1969 wird u. a. auf die Aufsätze von E. G. Loundine (Lundin), BiOr 35 (1978), 384 ff. und BiOr 37 (1980), S. 363 ff., Pirenne, BiOr 41 (1984), Sp. 569 ff. verwiesen.

[27] Allerdings werden die drei Chronologien in der mesopotamischen Archäologie völlig anders begründet.

[28] Die Bezeichnungen sind von Pirenne, Jemen-Katalog, S. 122 ff. übernommen. Dieser Katalog ist im übrigen das „beste" Beispiel für die Uneinigkeit in der Forschung: Pirenne (s. S. 122 ff.) vertritt die „Kurze Chronologie", ebenso Breton (S. 120), während W. W. Müller (S. 50 ff.) und J. Schmidt (S. 84) von der „Langen Chronologie" ausgehen.

[29] Siehe Skizze der Geschichte und Geographie Arabiens (bis Muhammad) II (1890), S. 18.

mel[30] vertreten wurde. Allerdings gibt es hier unterschiedliche Datierungen für den Beginn der „Langen Chronologie“. Zur Begründung wird u.a. auf zwei assyrische Texte verwiesen. Einmal berichtet Sargon II., ca. 715 v.Chr., daß ein Itamra von Saba Tribut geleistet hätte, und etwas später, um 685 v.Chr., findet sich in Sanheribs Annalen ein ähnlicher Hinweis, wobei es diesmal ein Karibilu von Saba war, der Geschenke ablieferte. Diese beiden Namen glaubte man nun in einer großen sabäischen Inschrift (Gl. 1703[31]), dem sogenannten „großen Stammbaum“, d.h. einer genealogischen Liste sabäischer Herrscher, wiederfinden zu können. Die Namen lauten dort Yita’‘amar und Karib’il. Da nach Hommel diese beiden Herrscher aber nicht am Anfang der Generationsfolge standen, kommt er auf das Datum 985, allenfalls 950 v.Chr. für den Beginn der sogenannten „Mukarribperiode“[32]. Hommel war weiter der Ansicht, daß anhand von Inschriften die Reiche von Qataban und Main wesentlich älter seien als Saba, ihr Beginn läge im 13. Jahrhundert v.Chr. Diese letztere These wird jedoch heute kaum noch vertreten,[33] man ist allgemein der Ansicht, daß Saba das älteste Reich in Südarabien war. Die Datierung von Hommel 985–950 v.Chr. für den Beginn der Mukarribperiode wird ebenfalls heute von den meisten Forschern, die Anhänger der „Langen Chronologie“ sind, nicht mehr mitgetragen. H. von Wissmann,[34], den man getrost

[30] In Handbuch der altarabischen Altertumskunde, S. 57ff. [85].

[31] Gl. 1703 bedeutet Inschrift Nr. 1703 der von E. Glaser oder seinen Mitarbeitern entdeckten und gesammelten Inschriften.

[32] „Mukarrib“ wurde anfangs – so Hommel in Handbuch der altarabischen Altertumskunde (Hrsg. D. Nielsen), S. 77 – mit „Priesterfürst“ übersetzt. Zur Bezeichnung „Mukarrib“ siehe auch J. Ryckmans, L’Institution Monarchique, S. 51ff., 97ff. und PSAS 2 (1971), S. 24ff. Es ist dabei aber zu beachten, daß diese Mukarribe in Saba überwiegend weltliche Aufgaben wahrnahmen, wie etwa Kriege zu führen und Bewässerungsanlagen anzulegen (siehe dazu Beeston, PSAS 7 [1977], S. 5ff.). Jamme (BiOr 12 [1953], S. 219ff. [220]) meint, daß „Mukarrib“ von dem arabischen Wort „karaba“ abgeleitet werden könne, dies bedeute soviel wie „einen Strick flechten“ oder „Verbindungen verstärken“. Diese Auslegung würde für die Anfangsperiode Sabas, wo es um die Vereinigung der Stämme ging, viel besser zutreffen. Diese Ansicht wurde auch von Pirenne (Paléographie, S. 144ff.) übernommen. Man würde vom „Vereiniger des Landes“ sprechen. Ähnlich C. Robin, Jemen-Katalog, S. 77 und Beeston, EI VIII (1995), S. 664.

[33] Siehe dazu Pirenne, La Grèce et Saba, S. 89ff. [95ff.]. Lediglich H. Philby hält diese „Lange Chronologie“ heute noch aufrecht, siehe Le Muséon 63 (1950), S. 229ff. [235ff.].

[34] Neben von Wissmann, z.B. in Zur Archäologie und antiken Geographie

als „Anführer“ der Vertreter dieser Gruppe bezeichnen kann, plädiert für das 8. Jahrhundert v. Chr. als Beginn der Mukarribperiode. Es sei darauf hingewiesen, daß auch schon Hommel[35] damals unter der Voraussetzung, daß „zwei weitere einander zeitlich nahestehende Jitamara und Kariba-ilu für die durch Keilschrifturkunden auf 715 und 685 fixierten It'i-amara und Karibilu in Betracht kämen“, das Datum 815 v. Chr. für den Beginn der Mukarribperiode nennt.

Diese Datierung, 8. Jahrhundert, wird aber nicht nur, wie Pirenne[36] meint, im „deutschen Sprachraum“, sondern auch in anderen „Sprachräumen“ dieser Welt vertreten. So etwa von A. Jamme[37] und von W. F. Albright[38]. J. Ryckmans' Ansicht hat sich mehrfach geändert: 1951[39] setzte er den Beginn der Mukarribperiode in das 9. Jahrhundert, 1957[40] folgte er der „Kurzen Chronologie“ von Pirenne, und neuerdings ist er wieder ein Anhänger der „Langen Chronologie“[41]. Der russische Forscher A. G. Lundin[42] geht weiter in die Vergangenheit zurück und nennt das 11. Jahrhundert v. Chr. als Datum. A. F. L. Beeston nimmt eine mittlere Position ein: 6. Jahrhundert[43].

Die sogenannte „Vermittelnde Chronologie“ ist von Pirenne in die Diskussion gebracht worden. Sie basiert vor allem auf den Ergebnissen der amerikanischen Grabungen in Timna und Umgebung, Hajar bin Humeid und Marib. Nach Frau Pirenne bestätigen die Ergebnisse

von Südarabien (1968), S. 6; ANRW II.9.1 (1976), S. 320 ff., sind weiter A. Grohmann, Arabien, S. 24 (dieser setzt den Beginn der Mukarribperiode sogar in das 9. Jahrhundert v. Chr. oder evtl. noch früher), Müller, Jemen-Katalog, S. 50, zu nennen. Auch in der Publikationsreihe des Deutschen Archäologischen Instituts in Sanaa wird von dieser Datierung ausgegangen.

35 Siehe S. 85.

36 Jemen-Katalog, S. 128.

37 Siehe Sabaean inscriptions from Mahram Bilqîs (Marib), Publications of the American Foundation for the Study of Man, vol. III (1962), S. 389.

38 Siehe Akten des vierundzwanzigsten Internationalen Orientalisten-Kongresses in München 1957 (1959), S. 153 ff.

39 Siehe L'Institution Monarchique, S. 51, 274.

40 Siehe JEOL 15 (1957–1958), S. 239 ff. [241]; La chronologie des rois de Saba et Du-Raydan (1964), S. 1; BiOr 21 (1964), S. 376 ff.

41 Siehe in Robin, L'Arabie antique, S. 25 ff.

42 Siehe die Eponymenliste von Saba (aus dem Stamme Halil), Sammlung Eduard Glaser V, ÖAkWS 248, 1 (1965), S. 96.

43 BSOAS 16 (1954), S. 37 ff. [44], später in EI VIII (1995), S. 663 datiert er die älteste Gruppe von sabäischen Inschriften (abgesehen von einigen wenigen früheren) in das 8. Jh. v. Chr.

sowie die von den Ausgräbern daraus gezogenen Schlußfolgerungen, ihre eigene Theorie hinsichtlich des Entstehens der Reiche von Qataban und Main, nämlich erst nach dem Entstehen von Saba. Aber die amerikanischen Ausgräber hätten die „Hommelsche These“ vom 8. Jahrhundert als Beginn von Saba übernommen, d.h. also, die „Lange Chronologie“, und das sei falsch.

Meines Erachtens ist die „Vermittelnde Chronologie“ bedeutungslos. Entscheidend ist, wie der Beginn der Mukarribperiode in Saba angesetzt wird: 8. Jahrhundert v. Chr. – ich sehe einmal von den noch früheren Datierungen ab – oder 5. Jahrhundert v. Chr. Die Diskussion darüber, ob die Reiche von Main und Qataban vor der Zeitenwende endeten – etwa Albright – oder kurz danach – so Pirenne –, ist nach meiner Ansicht nicht von so großer Bedeutung.

Es stehen daher nach meiner Meinung nur zwei Chronologien auf dem Prüfstand: die „Lange“ und die „Kurze Chronologie“ von Pirenne, die sie 1956 mit ihrem Werk ›Paléographie des Inscriptions sud-arabes‹ umfassend dargelegt und in den folgenden Jahren mit weiteren Arbeiten[44] versucht hat, zu verbessern und zu untermauern. Danach ist der „Beginn der monumentalen Kultur Sabas und Mains nicht vor dem 5. Jahrhundert v. Chr. anzusetzen“[45]. Ihr Hauptargument bezieht sie aus der Paläographie, daneben zieht sie numismatische und kunstgeschichtliche „Beweise“ heran.

Wie aber schon vorher erwähnt, sind sich die Experten, was die paläographische Deutung der Inschriften anbetrifft, sehr uneinig. Darüber hinaus erhebt sich die grundsätzliche Frage: Inwieweit kann die Paläographie wirklich helfen bzw. ist sie das „Allheilmittel“? In diesem Zusammenhang sei auf die Rezension des Buches von Pirenne, „Paléographie des inscriptions“, durch einen der „grand old men“ der Südarabienforschung, Beeston[46], verwiesen. Dort werden die Probleme und Grenzen der Paläographie deutlich gezeigt.

Die Einwände gegen die „Lange Chronologie“, vor allem immer wieder von Pirenne vorgetragen, bestehen einmal darin, daß sie davon ausgeht, daß die südarabische Schrift eine alphabetische ist. Da aber nun das Alphabet „unbestritten“ – so Pirenne – in Phönizien ent-

[44] Zu nennen ist vor allem „La Grèce et Saba“; darüber hinaus hat sie in zahlreichen Rezensionen in BiOr (s. Anm. 26) dazu Stellung genommen; zuletzt siehe Jemen-Katalog, S. 122ff.

[45] Jemen-Katalog, S. 124/6.

[46] BiOr 16 (1959), S. 76ff.; siehe auch J. Ryckmans' Artikel über die Rolle und Aufgabe der Paläographie in L'Arabie antique, S. 25ff.

standen sei und ca. im 10. Jahrhundert v. Chr. „gebrauchsfähig" gewesen sei, hätte man damit einen „historischen Anhaltspunkt". Über das aramäische und hebräische Alphabet, die sich aus dem phönizischen entwickelt hätten, sowie dem Alphabet von Dedan (Nordwestarabien) und dem griechischen sei dann im 5. Jahrhundert der alt-südarabische Schrifttyp entstanden. Diese Grundthese von Pirenne ist aber keineswegs „unbestritten".[47] Es wird, wie schon erwähnt, u. a. ebenso die Ansicht vertreten, daß das südsemitische Alphabet von einem proto-kanaanäischen Alphabet über das ugaritische (14. Jahrhundert v. Chr.) abzuleiten sei, und zwar habe diese Abzweigung im 14. oder im frühen 13. Jahrhundert v. Chr. stattgefunden.[48] A. van den Branden[49] sieht es sogar umgekehrt: Die phönizische Schrift gehe auf eine südsemitische Vorform zurück.

J. Ryckmans[50] hat vor einigen Jahren im Zusammenhang mit der Alphabettafel von Beth-Schemesh festgestellt, daß Pirennes Theorie nicht mehr haltbar sei, weil sie das wesentliche frühere Datum des ugaritischen Alphabets, nämlich 14. Jahrhundert gegenüber dem 10. Jahrhundert des phönizischen, das auf ein vorher schon existierendes Linearalphabet zurückgehe, nicht berücksichtige.

Um das Thema abzuschließen: Es gibt heute in der Forschung eine große Zahl verschiedener Ansichten über die Entstehung und das Alter des alt-südarabischen Alphabets, eine davon wurde von der inzwischen verstorbenen Pirenne vertreten, wobei sie selbstverständlich „Mitstreiter"[51] hat, aber nicht mehr und nicht weniger. Andererseits kann das nicht heißen, daß die „Lange Chronologie" dadurch unumstößlich bewiesen ist.

So wird heute, Pirenne folgend, der assyrische Synchronismus von Hommel, nämlich, daß ein sabäischer Herrscher, Karibi-ilu, 685 v. Chr. dem assyrischen Herrscher Sanherib Geschenke gesandt habe,

[47] Siehe S. 19.

[48] Siehe Dietrich-Loretz, Keilalphabete, S. 57 ff. [61]. Hier finden sich die unterschiedlichen Meinungen.

[49] BiOr 19 (1962), S. 206.

[50] PSAS 18 (1988), S. 123 ff. [125].

[51] Zum Beispiel M. Rodinson in: L' écriture et la psychologie des peuples. Centre internationale de Synthèse, XXIIe Semaine de Synthèse, Paris (1963), S. 131 ff.; I. J. Gelb, A Study of Writing, 2. Aufl. (1963), S. X–XI, 133; Robin in Chelhod L'Arabie du Sud, tome 1, S. 206 ff., schloß aber eine Korrektur auf Grund neuer archäologischer Funde nicht aus. Diese erfolgte dann auch ca. 20 Jahre später, siehe S. 48.

vielfach abgelehnt, sogar von W. F. Albright[52], der ansonsten für die „Lange Chronologie" plädiert. Aber das ändert doch nichts an der Tatsache, daß die assyrischen Annalen berichten, daß 715 und 685 v. Chr. zwei sabäische Herrscher Geschenke bzw. Tribut geliefert hätten. Ein weiteres Argument gegen die „Lange Chronologie" ist die Ablehnung der Annahme, daß die Nachfolge der frühen sabäischen Herrscher immer eine Vater-Sohn-Nachfolge gewesen sei, d. h. bei den ca. 14 bekannten Mukarribs es sich um 14 Herrschergenerationen handelt.[53] Frau Pirenne[54] ist dagegen der Ansicht, daß einige dieser Herrscher zur selben Generation gehörten, es seien sozusagen verschiedene Zweige der herrschenden Familie. Selbstverständlich würde sich dann eine zeitliche Verkürzung ergeben. Auch wenn überwiegend eine solche Ansicht abgelehnt wird, so kann man mit Beeston[55] nur feststellen: "What grounds are there for thinking that a continuous direct father to son succession of the mkrb rulers of Saba is more likely than a succession often involving collateral lines? The reply can only be 'None'."

Ein weiteres Argument von Pirenne[56] ist, daß sie den in einer Inschrift (RES 3022[57]) erwähnten „Krieg zwischen Medien (Persien) und Ägypten" mit dem Feldzug Antiochos d. Gr. gegen Ptolemäus IV. im Jahre 217 v. Chr. gleichsetzt. Eine solche Gleichsetzung ist zwar möglich, aber ebensogut kann mit diesem Krieg der Einfall des Perserkönigs Artaxerxes nach Ägypten im Jahre 343 v. Chr. gemeint sein, wie vielfach angenommen wird.[58] Die späte Datierung ist nach von

[52] BASOR 143 (1956), S. 10, ebenso Beeston, BSOAS 16 (1954), S. 42/3, Pirenne, La Grèce et Saba, S. 98ff.

[53] Dies ist die „gängige" Ansicht, siehe z. B. J. Ryckmans, L'Institution Monarchique, S. 59, 96; H. v. Wissmann, ANRW II. 9.1, S. 364. Die Zahl „14" der Herrschergenerationen ist von Beeston, BiOr 16 (1959), S. 77, übernommen worden. In BSOAS 16 (1954), S. 44 spricht er von „wahrscheinlich" 15 Mukarriben. Pirenne, La Grèce et Saba, S. 124, nennt die Zahl von 22.

[54] So z. B. in Paléographie, S. 116ff.

[55] BiOr 16 (1959), S. 78.

[56] Paléographie, S. 211 ff.

[57] Es handelt sich um eine minäische Inschrift, die sich im ›Répertoire d'Epigraphie sémitique‹ (RES) findet; eine in Paris im Jahre 1900 begründete Sammlung.

[58] So schon von W. M. Müller, Mitt. der Vorderasiatischen Gesellschaft 3 (1898), S. 3, 41; ebenso von W. W. Tarn, Journal of Egyptian Archaeology 15 (1929), S. 9ff. [17]; F. V. Winnett, BASOR 73 (1939), S. 3ff. [8]; W. F. Albright, BASOR 119 (1950), S. 5ff. [15], BASOR 129 (1953), S. 20ff. [22]; v. Wissmann,

Wissmann[59] auch deshalb abzulehnen, weil die Seleukiden niemals als „Meder" bezeichnet worden seien. Vor allem aber ist die Pirennesche Datierung zweifelhaft, wenn sie ihre paläographische Stufe E, zu der ihrer Meinung nach die Inschrift RES 3022 gehört, jetzt vor die Stufe D setzt. Diese Korrektur, so von Wissmann, habe Frau Pirenne ihm selbst brieflich mitgeteilt. Nach ihrer eigenen Datierung geht die Stufe D von etwa 300–250 v. Chr. und die Stufe C von 350–300 v. Chr., d. h., wenn die Inschrift RES 3022 jetzt zur Stufe C gehört, wäre die Datierung 217 nicht möglich, vielmehr würde sich das Datum 343 v. Chr. geradezu anbieten.

Letztlich hängt alles von der paläographischen Deutung des Betrachters der jeweiligen Inschrift ab. Die Deutungen sind aber so unterschiedlich, daß meines Erachtens die Anwendung der Paläographie, und damit auch die von Pirenne angewandte Methode, immer nur als letztes Hilfsmittel benutzt werden kann. Beeston beschreibt, wie er versucht habe, die von Pirenne vorgeschlagene Vorgehensweise bei der graphischen Deutung und Einordnung der Inschriften in die von Pirenne festgelegten paläographischen Stufen A–E nachzuvollziehen. Es sei ihm nicht gelungen bzw. er sei nicht zu der von Pirenne jeweils vorgeschlagenen Zuordnung gekommen, bekennt er freimütig.

Man muß sich weiter darüber im klaren sein, daß eine der wichtigsten Inschriften, der sogenannte „Große Stammbaum" oder „Der große Komplex", der von den Mitarbeitern E. Glasers entdeckt wurde (Gl 1703), auf denen Teile der von verschiedenen Forschern vorgeschlagenen Chronologien basieren, erst 1975 wiederentdeckt wurde. Man vermutete bis dahin nur, daß der Platz mit den Inschriften irgendwo in der Gegend von Sirwah lag.[60] Die Abklatsche wurden nicht von E. Glaser selbst gemacht, sondern dieser hatte Einheimische angelernt, die umherzogen und für Glaser Inschriften sam-

ANRW II.9.1., S. 363, 383/4; W. W. Müller, Jemen-Katalog, S. 51. J. Ryckmans plädierte anfangs auch für diese Gleichsetzung (L'Institution Monarchique, S. 267), später, in JEOL 15 (1957–58), S. 243, nannte er das Datum: 198 v. Chr., um dann 1961 auf das Datum von Pirenne einzuschwenken, Recueil de Travaux d'Histoire et de Phil., Université de Louvain, 4e sér., fasc. 24 (1961), S. 51 ff. [57].

[59] Siehe ANRW II. 9.1. S. 384, Anm. 156.

[60] Siehe zu der „Entdeckungsgeschichte" dieser Inschriften A. G. Lundin, Die Eponymenliste von Saba (aus dem Stamm Halil). Sammlung E. Glaser V, ÖAkWS 248, 1 (1965), S. 9 ff.

melten. Sie wurden Glaser nach Ende seiner vierten Arabienreise 1892–1894 nach München zugeschickt, anscheinend in drei Serien. Glaser selbst machte nur sehr vage Angaben über den Fundort: entweder heißt es bei ihm „unbekannter Herkunft“ oder „wahrscheinlich aus Sirvah“. Wie wir heute wissen, waren die gemachten Abklatsche von den Inschriften teilweise nicht vollständig oder fehlerhaft. Dennoch wurde mit ihnen „fleißig“ gearbeitet und jedenfalls so ein Teil der sabäischen Herrscherabfolge rekonstruiert. Erst 1975, also ca. 80 Jahre später, gelang es A. Jamme, den Platz wiederzufinden, bald darauf, 1976, besuchte C. Robin den Fundort. Er liegt ca. 20 km südlich von Marib bei Sawwana. Jetzt stellte sich heraus, daß es sich um zwei Felsen handelte. Nachdem man nun zuverlässige Abklatsche und Photos besaß, konnte man im nachhinein feststellen, daß viele der in den vorhergehenden 80 Jahren vorgenommenen Lesungen fehlerhaft waren. Aber auch heute geht die Diskussion um die Lesung der Inschriften auf diesen beiden Felsen weiter.[61] Soweit zur Stellung und Bedeutung der Paläographie innerhalb der Sabäistik.

Gegen die „Lange Chronologie“ sind aber nicht nur, wenn auch in erster Linie, paläographische Einwendungen gemacht worden. Pirenne vergleicht sabäische Münzen mit der attischen Drachme mit Eule[62] aus dem 5. Jahrhundert v. Chr. Diese sei von der Mitte des 4. Jahrhunderts v. Chr. im Orient bis hin nach Indien nachgeahmt worden. Nach Pirenne sei nicht anzunehmen, daß die Herrscher in Saba drei Jahrhunderte vor der Erfindung des athenischen Vorbildes, also im 8. Jahrhundert v. Chr., ähnliche Münzen geprägt hätten. Ganz undenkbar sei es aber, daß die großartige Kultur der Mukarribe drei oder vier Jahrhunderte ohne Geld- und Münzverkehr bestanden haben sollte. Auch wenn man davon ausgeht, daß diese Datierung richtig ist,[63] so lautet doch die entscheidende Frage: Warum ist es undenkbar, daß die Sabäer vor dem 6./5. Jahrhundert v. Chr. ohne Münzen, also ohne Geld, wirtschaftlich und kulturell hätten existie-

[61] Siehe Pirenne, BiOr 41 (1984), Sp. 569ff. [Sp. 576ff.]; hier findet sich auch wieder die endlose paläographische Diskussion zwischen Pirenne und von Wissmann, die nur noch von einigen ganz wenigen Spezialisten nachvollzogen und verstanden werden kann.

[62] Siehe Jemen-Katalog, S. 124 und Tafel III (S. 127).

[63] Siehe R. Göbl, Antike Numismatik 1 (1978), S. 59, wo Göbl feststellt: „Der Eule-Typus kommt angeblich erst gegen Ende des 6. Jh.“ Göbl scheint also für ein früheres Datum zu plädieren; C. M. Kraay, Archaic and Classical Coins (1976), S. 60ff.: im letzten Viertel des 7. Jh. v. Chr.

ren können? Die Ägypter, Assyrer, Babylonier und auch die Griechen (Mykene) und Kreter, um nur einige, teilweise wesentlich größere Reiche als das von Saba zu nennen, waren Reiche mit großartigen Kulturschöpfungen ohne Münzgeld. Darüber hinaus ist es ja nicht so, als ob vor den Münzen ein „Nichts" war. Es gab zahlreiche andere Geldformen, die Münze ist nur eine Form, allerdings wohl die optimale. Aber daneben bzw. davor, gab es Natural-, Metall-, Geräte- und Barrengeld, um die wichtigsten Formen zu nennen,[64] die vor der „Erfindung" der Münze im 7. Jahrhundert v. Chr. in Lydien benutzt wurden. Es ist doch durchaus möglich, daß eine sabäische Gesellschaft vor dem 5. Jahrhundert v. Chr. ohne Münzwesen existiert hat.

Ein weiteres Argument gegen die „Lange Chronologie" wird von Pirenne mit der sabäischen Architektur, genauer ihrer Ausführung, Bearbeitung der Steine begründet.[65] Nach ihrer Ansicht lassen sich die großen architektonischen Zeugnisse der sabäischen Mukarribe mit der persischen (achämenidischen), phönizischen und griechischen Architektur des 5. Jahrhunderts v. Chr. vergleichen. Das soll grundsätzlich nicht bestritten werden. Aber diese drei oben genannten „Architektur-Regionen" hatten Vorläufer, und mit denen sollte man die Mauertechnik von Marib vergleichen. G. W. Van Beek[66] und G. R. H. Wright[67] weisen auf die Steinbearbeitung der Mittleren Eisenzeit (10.–8. Jahrhundert v. Chr.), z. B. in Samaria, Megiddo und Bethshan oder auf die in Ugarit (13. Jahrhundert), hin. Ein Übergang bzw. eine Verbesserung in der Quadertechnik vollzieht sich dann in Assyrien in der ersten Hälfte des 7. Jahrhunderts, damit ist der „Randbeschlag" ("marginally drafted pecked masonry") gemeint, eine Technik, die der an vielen Bauten in Marib angewandten Bearbeitung entspricht. Die Angaben von Pirenne,[68] daß E. Glaser und A. Fakhry berichtet haben, die großen Steinquadern im Damm von Marib seien mit Metallkrampen verbunden worden, ist nur halbrichtig. Eine neuere Untersuchung von G. R. H. Wright[69] unterscheidet klar zwi-

[64] Siehe dazu R. Göbl, S. 142 ff., E. Ebeling, Art. ›Geld‹ in Reallexikon der Assyriologie 3. Bd. (1971), S. 198.

[65] Siehe La Grèce et Saba, S. 111/12, 142; Jemen-Katalog, S. 124.

[66] In Archaeological Discoveries in South Arabia, Publ. of the American Foundation for the Study of Man, vol. II. Hrsg. R. LeBaron Bowen Jr.–F. P. Albright (1958), S. 287 ff.

[67] In ABADY IV (1988), S. 63 ff.; siehe auch M. N. van Loon, Urartian Art, its distinctive traits in the light of new excavations (1966), S. 52.

[68] La Grèce et Saba, S. 112, 142, Palèographie, S. 142, zuletzt in L'Arabie préislamique, S. 256.

[69] In ABADY IV (1988) Tafel S. 77.

schen einer älteren Technik ohne Metallkrampen und einer zeitlich späteren mit Verwendung einer solchen. Entscheidend aber ist, daß der aus der Verwendung von Metallkrampen gezogene Schluß,[70] diese Praxis sei nicht vor dem Ende des 6. Jahrhunderts v. Chr. praktiziert worden und demzufolge die Anfänge des Dammes von Marib nicht vor dem Ende des 6. Jahrhunderts[71] – an anderer Stelle spricht Frau Pirenne vom 4. Jahrhundert[72] – anzusetzen, falsch ist. Diese Technik findet sich schon in Ägypten im „Alten Reich" (3. Jahrtausend v. Chr.),[73] im Hethiterreich, in Mesopotamien und in anderen Gebieten.

Schließlich werden gegen die „Lange Chronologie" von Pirenne noch die in Südarabien gefundenen Kunstwerke, vor allem die Plastik, ins Feld geführt, indem argumentiert wird, daß ein Großteil entweder auf persischen, griechischen oder palmyrenischen Einfluß zurückgeht, also jünger als das 6. Jahrhundert v. Chr. sei.[74] Vor allem beruft sich Pirenne[75] auch hier wieder auf die Paläographie: «Si l'on accepte les résultats acquis par notre „Paléographie" (gemeint ist ihr Buch), on constatera que le type de statuette auquel appartient notre Yas doug'il n'apparaît que vers 200 avant notre ère.» Meines Erachtens hat Almut Hauptmann-v. Gladiss[76] in ihrem grundlegenden Aufsatz über die ›Probleme alt-südarabischer Plastik‹ nicht unrecht, wenn sie schreibt: „Da die Basisinschrift verlorengegangen ist (es geht um eine qatabanische Statuette), müssen wir das Problem der Datierung auf Grund der von Pirenne entwickelten paläographischen Phasen ausklammern, in denen der Beginn stehender Vorbilder mit einer Statuette in Paris ohne formales Verständnis auf die Wende vom 3. zum 2. Jahrhundert v. Chr. fixiert ist."

Grundsätzlich kann und soll nicht bestritten werden, daß solche von Pirenne genannten Einflüsse in der südarabischen Kunst nachzuweisen sind. Aber was besagt das? Doch lediglich, daß es Kunstwerke in diesem Gebiet gab, die nach dem 6. Jahrhundert v. Chr. entstanden sind. Aber deswegen auch den Beginn der Mukarribperiode nach dem

[70] Der anscheinend Beeston in der Besprechung des Buches von Pirenne ›La Grèce et Saba‹ chronologisch sehr beeindruckt hat, siehe BiOr 17 (1960), S. 199.

[71] La Grèce et Saba, S. 142.

[72] Palèographie, S. 142.

[73] Siehe C. Nylander, Iranica Antiqua 6 (1966), S. 130 ff. [132 ff.].

[74] So Pirenne in La Grèce et Saba, S. 154 ff.; Jemen-Katalog, S. 124.

[75] In Syria 38 (1961), S. 296.

[76] Siehe Baghdader Mitteilungen 10 (1979), S. 155.

6. Jahrhundert anzusetzen, ist nicht begründet. Darüber hinaus überbetont Frau Pirenne den griechischen Einfluß. Ihr Buch ›La Grèce et Saba‹ macht dies besonders deutlich.

Man muß sich darüber im klaren sein, daß die Überlieferung der Plastik in Südarabien mehr als lückenhaft ist. Der Eindruck, den wir heute haben, beruht hauptsächlich auf den Funden von wenigen Grabungen. Bei manchen Stücken ist es auch unklar, ob es sich um einen Import oder einheimische Arbeit handelt. Und auch hier spielen chronologische Fragen eine große Rolle, d.h., es wird heftig gestritten. K. Parlasca[77] erinnert daran, daß die Datierung des bekannten Bronzepferdes in der Dumbarton Oaks Collection in Washington zwischen dem 6.–5. Jahrhundert vor und dem 5.–6. Jahrhundert n. Chr. schwankt. Er weist ferner darauf hin, daß die archäologischen Zeugnisse für Beziehungen mit dem Mittelmeerraum „eindeutig" in die archaische Zeit reichen, d.h. in das 7./6. Jahrhundert v. Chr.[78] Parlasca erinnert an die Beziehungen Südarabiens zu seinen nördlichen und nordwestlichen Nachbarn, wie z.B. Ägypten. Ebenso betonen auch Almut Hauptmann-v. Gladiss[79] und E. Will[80] die Bedeutung Syriens für die südarabische Kunst. Trotz dieser verschiedenen Einflüsse von außerhalb darf nicht übersehen werden, daß die alt-südarabische Kunst auch durchaus eigene, typische Züge aufweist. A. Hauptmann-v. Gladiss[81] nennt als Beispiele die bekannten Alabasterköpfe aus dem Berliner Museum für Islamische Kunst.

Um mit der Paläographie und ihren Problemen erst einmal abzuschließen – sie wird uns denn in diesem Buch auch noch weiterhin beschäftigen –, sei zusammenfassend festgestellt, daß es weder für die Richtigkeit der „Langen" noch für die der „Kurzen Chronologie" eindeutige und genügend überzeugende Beweise gibt, wenngleich sich meines Erachtens die Waagschale zugunsten der „Langen Chronologie" neigt. Sicherlich hat Pirenne „ihre" Chronologie sehr „umfangreich" vertreten, aber ihre Hauptstütze, die Paläographie, ist ein Handwerkszeug, das zu viele Deutungen bzw. Datierungen der jeweiligen Inschrift zuläßt.

[77] In L'Arabie préislamique, S. 281 ff.; siehe auch die Diskussion über Funde aus dem Awamtempel in Marib bei Almut Hauptmann-v. Gladiss, Baghdader Mitteilungen 10 (1979), S. 146/47 Anm. 7.

[78] Siehe z.B. die Bronzestatuette im Jemen-Katalog, S. 91.

[79] S. 157.

[80] In L'Arabie préislamique, S. 271 ff.

[81] S. 149/50, Taf. 28, 1–4.

Man muß sich daher entscheiden, welche der beiden Chronologien man anwendet. In den nachfolgenden Ausführungen werde ich von der „Langen Chronologie" ausgehen. Als Begründung sei u.a. angeführt: Fest steht, daß die assyrischen Quellen zwei sabäische Herrscher in den Jahren 715 und 685 v.Chr. nennen. Auch wenn man davon ausgeht, daß sie nicht mit den von Hommel und anderen Forschern genannten und inschriftlich belegten sabäischen Mukarriben identisch zu sein brauchen, so kann doch nicht geleugnet werden, daß es zwei Jahrhunderte vor der Datierung von Pirenne – 5. Jahrhundert – sabäische Herrscher gegeben hat. Vielleicht ohne die Institution des Mukarrib. Wie wollen die Anhänger der „Kurzen Chronologie" dieses „Gebilde" bezeichnen: „proto-sabäisch" oder „prämukarribisch"?

Pirenne[82] geht in einem «aperçu sur les temps antérieurs» darauf ein. Sie bestreitet nicht, daß es sabäische Könige gemäß den assyrischen Annalen gegeben hat und nennt dies den ersten Anhaltspunkt, den Richtpunkt für eine südarabische Chronologie. Allerdings wird diese Aussage etwas relativiert durch die Feststellung, daß es sich um Könige von einem einzelnen, allerdings mächtigen Stamm handelt. Die Diskussion wird damit darauf abgestellt, daß nur die als Mukarrib in den Inschriften bezeichneten Herrscher für die sabäische Geschichte relevant sind. Ich halte diese Ansicht für falsch, um nicht zu sagen für unlogisch. Es gibt in der Geschichte genug Beispiele für große Staaten, deren Herrscher im Laufe der Zeit verschiedene Titulaturen benutzten, und man kann und sollte nicht die Geschichte des historischen Reiches von Saba erst mit den Mukarriben beginnen lassen. Abgesehen davon hängt diese Ansicht von Frau Pirenne entscheidend von ihrer paläographischen Einordnung der beiden in den assyrischen Annalen genannten Herrscher ab.

Meines Erachtens ist es nicht von großer Bedeutung, welche „paläographische Partei", Pirenne oder von Wissmann und ihre jeweiligen Anhänger, eines Tages endgültig „recht bekommen wird" und wenn, dann in erster Linie nur durch archäologische Funde und entsprechende C^{14}-Daten; wichtig ist vielmehr, die „historische Periode" Sabas als ein Ganzes zu sehen. Dann aber ist sie einige Jahrhunderte älter als das 5. Jahrhundert v.Chr. A. de Maigret[83] hat meines Erachtens zu Recht beklagt, daß sich die ersten wissenschaftlichen Unter-

[82] Siehe Paléographie, S. 122.

[83] Siehe ›Die Königin von Saba‹, Hrsg. W. Daum (1988), S. 36.

suchungen der südarabischen Zivilisation vor allem auf die Inschriften konzentrierten. Diese böten aber immer nur einen Teilausschnitt. Aus den Inschriften ließen sich aber keine Hinweise gewinnen – weder direkt noch indirekt –, wie das plötzliche Entstehen der südarabischen Staaten zu erklären sei. Hier möchte der Verfasser allerdings einwenden, daß er das Studium der Inschriften nicht ganz so kraß sieht. Im Falle Südarabiens sind es wohl mehr die verschiedenen paläographischen Deutungsversuche, die den Ein- und Überblick über die historische Periode Südarabiens erschweren. Maigret plädiert für die „Notwendigkeit eines ganz anderen Vorgehens, nämlich die systematische archäologische Erforschung Südwestarabiens, um auf diese Weise ein vollständiges Bild der materiellen Kultur Jemens und ihrer Entwicklung zu gewinnen und so die alte Frage unter einem anderen Blickwinkel neu anzugehen". Man kann Gott sei Dank feststellen, daß diese archäologische Erforschung seit etwa zwei Jahrzehnten verstärkt eingesetzt hat.

Für die „historische Periode" Südarabiens seien für die Zeit von etwa 1000–500 v. Chr. einige Beispiele genannt. Da sind einmal die, allerdings umstrittenen, Ergebnisse der amerikanischen Grabung von Hajar bin Humeid[84], ca. 12 km südlich von Timna, in den Jahren 1950/1951. Pirenne[85] und J. Ryckmans[86] stehen zwar den von den Ausgräbern gezogenen Schlüssen teilweise skeptisch gegenüber, und Verfasser stimmt Ryckmans zu, daß die beiden C^{14}-Daten und der daraus gewonnene Mittelwert von 796 v. Chr. nicht wirklich überzeugend sind. Es müßten mehr C^{14}-Daten vorliegen, um eine eindeutige Datierung zu gewinnen. Dennoch können diese Daten sowie die weiteren Ergebnisse der Grabung nicht einfach negiert werden. So etwa die Keramik von Hajar bin Humeid, vor allem die Bearbeitungstechniken ("burnished red slip technique" = „geglätteter roter Tonüberzug"). Hier finden sich große Übereinstimmungen mit der Keramik im syrisch-palästinensischen Raum, ebenso wie mit der Art und Technik der Bemalung. Diese Keramik gehört aber in die Zeit 10.–8. Jahrhundert

[84] Siehe die Grabungspublikation Gus W. Van Beek, mit Beiträgen von Jamme und anderen: Hajar bin Humeid (1969), derselbe in BASOR 143 (1956), S. 6ff.; W. F. Albright S. 9ff., positiv auch von Wissmann, ANRW II. 9.1. (1976), S. 321/22, 329, 369, derselbe in Die Geschichte von Saba II (1982), S. 63ff.

[85] Siehe Le Royaume Sud-Arabe de Qataban (1961), S. 38/39, Syria 51 (1974), S. 137ff.; Revue Archéologique 1973, S. 323ff.

[86] BiOr 29 (1972), S. 236/37; siehe auch P. Parr in Studies, S. 49.

v. Chr., zumindest in das 9.–8. Jahrhundert[87]. In den ziemlich harschen Besprechungen von Pirenne und J. Ryckmans wird aber auf diese frühe Keramik nicht eingegangen. Dagegen hat sich J. Zarins[88] skeptisch zu diesem Vergleich von Van Beek geäußert. Andererseits könnte in diesem Zusammenhang der Fundort Zubayda in Zentralarabien (Saudi-Arabien) wichtig werden. Mehrere C^{14}-Daten für diesen Platz geben einen Rahmen von 1300–635 v. Chr. In den ältesten Perioden 1 und 2 ist nun Keramik gefunden worden, die der von Hajar bin Humeid gleicht. Die Ausgräber P. J. Parr und M. Gadar[89] sind deshalb der Ansicht, daß es nötig sei, die von Van Beek vorgenommenen Keramikvergleiche mit der Levante erneut zu untersuchen. Bleibt schließlich noch der bekannte Krug mit dem Monogramm. Von Wissmann[90] datiert diesen in das 10.–9. Jahrhundert v. Chr., während Van Beek und W. F. Albright[91] als wahrscheinliche Datierung das 9. Jahrhundert nennen. Ryckmans[92], im Gegensatz zu von Wissmann und Van Beek, die davon ausgehen, das Monogramm sei als Relief aufgetragen, nimmt dagegen an, es sei kursiv und könne daher nicht mit den Buchstaben der Steinmetzinschriften verglichen werden. Allerdings gibt er selbst keine Datierung.

Zusammenfassend ist für Hajar bin Humeid festzustellen – vor allem anhand der Keramik –, daß eine Datierung von etwa 9.–8. Jahrhundert v. Chr. durchaus möglich ist. Eine Unterstützung für die von Van Beek angenommene Schichtenabfolge und der damit verbundenen Chronologie und somit auch für die „Lange Chronologie" ergibt sich aus den amerikanischen Grabungen im Wadi al-Jubah,[93] halbwegs zwischen Marib und Timna. Diesmal liegen zahlreiche C^{14}-Daten für die vorislamische Zeit vor. So aus der untersten Schicht von Hajar at-Tamrah ein unkalibriertes C^{14}-Datum von 1330 ± 110 v. Chr. (kalibriert 1850–1385 v. Chr.). Mehrere Daten weisen ferner darauf hin, daß der Platz spätestens um 400 v. Chr. verlassen worden ist. Jedenfalls sind die Ausgräber der Ansicht, daß es sich bei den verschiedenen Fundorten innerhalb des Wadi al-Jubah, die sie untersucht

[87] Siehe Van Beek, Hajar bin Humeid, S. 356ff.

[88] Siehe Atlal 7 (1986), S. 31. Zarins meint aber gleichzeitig, daß die Keramik von Zubayda (siehe Anm. 89) weiterhelfen könnte.

[89] Atlal 4 (1980), S. 116. Für die C^{14}-Daten siehe Zarins Anm. 88.

[90] ANRW II. 9.1., S. 322.

[91] Siehe für beide BASOR 143 (1956), S. 6, 10.

[92] BiOr 29 (1972), S. 237.

[93] Siehe S. 30, Anm. 14 mit Literaturangaben; siehe besonders vol. 3, S. 208.

haben, um solche aus der alt-südarabischen Zivilisation handelt und vertreten eindeutig die Meinung, daß sich hier im Wadi al-Jubah die „Lange Chronologie“ bestätigt habe[94]. Sie gehen sogar von einem Anfangsdatum von 1300 v. Chr. aus.

Eine weitere archäologische „Bestätigung“, daß die sabäische Kultur vor 500 v. Chr. begonnen hat, liefern die 1985 durchgeführten Untersuchungen von A. de Maigret[95] im Wadi Yala, einem Seitental des großen Wadi Dhana, an dessen Mündung sich der berühmte Staudamm von Marib befindet. Maigret fand eine große Siedlung, die in drei Einheiten aufgeteilt war: einmal eine „königliche Villa oder Residenz“ nebst einem Felsheiligtum sowie einem Becken mit 28 Inschriften, zweitens etwa zehn sabäische Werkstätten, einen kleinen Staudamm und die dritte Einheit, eine regelrechte Stadt mit Stadtmauer. Da alle drei Komplexe auf die Nutzung des konkreten wasserwirtschaftlichen Raumes bezogen seien, so Maigret, dürften sie zu gleicher Zeit errichtet worden sein. Die archäologischen und epigraphischen Daten sprechen für eine Blütezeit vom 7.–5. Jahrhundert v. Chr. Ein Keramikvergleich mache es jedoch wahrscheinlich, daß der ganze Komplex sogar auf das 10.–9. Jahrhundert v. Chr. zurückgehe. Es sei aber auch darauf hingewiesen, daß der Epigraphist G. Garbini, der die hier gefundenen Inschriften bearbeitet hat, der Ansicht ist, daß diese Inschriften gegen die „Lange Chronologie“ sprechen würden.[96]

Interessant sind auch die französischen Grabungen im heutigen Schabwa. Dort haben Sondagen eine Abfolge von 14 Schichten ergeben, wobei die älteste anhand von C^{14}-Daten um 1550 v. Chr. ($\pm$ 60, unkalibriert) anzusetzten ist.[97]

Schließlich sei auch noch auf die geomorphologischen Untersuchungen des Deutschen Archäologischen Instituts in der Oase von Marib hingewiesen. Danach reicht der Beginn der Bewässerungszeit

[94] Siehe Expedition 27 (1985), S. 8; Araby the Blest, ed. D. Potts (1988), S. 100.

[95] In Die Königin von Saba, Hrsg. W. Daum (1988), S. 36ff. [38/39], zuletzt The Sabaean Archaeological Complex in the Wadi Yala. A Preliminary Report. Reports and Memoirs (ISMEO) XXI (1988), ferner C. Robin, CRAI 1989, S. 278ff.

[96] Siehe in Reports and Memoirs XXI, S. 19, S. 21ff., ferner in Yemen Studi archeologici, storici e filologici sull'Arabia meridionale 1 (1992), S. 79ff. [87ff.]

[97] Siehe L. Badre, Syria 68 (1991), S. 232ff.

ins späte 3. Jahrtausend v. Chr. zurück, und die ersten fest eingerichteten Bauten (A und B) waren in der ersten Hälfte des 1. Jahrtausends v. Chr. in Betrieb.[98] Neuere Untersuchungen von W. Wagner[99] haben sogar für diese Schleusenanlage ein Datum Mitte, resp. zweite Hälfte des 3. vorchristlichen Jahrtausends ergeben.

Dies sind einige Punkte, die den Verfasser für die „Lange Chronologie" plädieren lassen, wobei ihm klar ist, daß noch einige Gründe mehr, sprich archäologische Funde, hinzukommen müssen, um die Argumente für die „Lange Chronologie" „wasserdicht" zu machen.

Vor einiger Zeit nun erhielt der Verfasser Kenntnis[100] von einem neuen Buch ›L'Arabie antique de Karib'îl à Mahomet. Nouvelles données sur l'histoire des Arabes grâce aux inscriptions‹[101]. Herausgeber und Verfasser der meisten Artikel ist C. Robin, bis dahin Anhänger der „Kurzen Chronologie" von Pirenne. Zu meiner Überraschung sind Robin und J. Ryckmans, der auch einen Artikel in diesem Buch verfaßt hat, nunmehr Anhänger der „Langen Chronologie". Eine der Hauptbegründungen sind neue Grabungsergebnisse[102] mit Inschriftenfunden wie etwa Yala[103] (35 km südwestlich von Marib) und Raybun[104] (im Wadi Hadramaut). In as-Sawda, dem antiken Naschan (Nordjemen), wurde weiter eine sehr archaische monumentale Inschrift gefunden, die, mehrfach auf Säulen angebracht, aufgrund des archäologischen Kontextes in das 8. Jahrhundert v. Chr. gehört.[105] Robin setzt weiter den oft genannten Karib'îl Watar einige Generationen vor 535 v. Chr. an und hält die Identifizierung mit dem Karibilu aus der assyrischen Inschrift jetzt für möglich. Schließlich verlegt er

[98] Siehe Brunner, ABADY II (1983), S. 66, 74, 108ff.

[99] Siehe ABADY VI (1993), S. 92ff., zu beachten ist aber auch die Vorbemerkung des Herausgebers J. Schmidt, wonach bei allen bisherigen Resultaten das letzte Wort noch nicht gesprochen sei; siehe ferner M. Schaloske ABADY VII (1995), S. 164, 170, der zu ähnlichen Ergebnissen wie Wagner kommt.

[100] Durch die Besprechung dieses Buches durch Müller in BiOr 51 (1994), S. 468ff.

[101] Erschienen als Nummer 61 (1991–1993) der Zeitschrift „Revue du Monde Musulman et de la Méditerranée".

[102] Siehe S. 32, 50ff., 128ff.

[103] Siehe hier Anm. 95.

[104] Siehe A. V. Sedov in Ancient and Mediaevial Monuments of Civilization of Southern Arabia (1988), S. 61ff. Für Inschriften siehe S. A. Frantsouzoff, PSAS 25 (1995), S. 15ff.

[105] Siehe Robin, S. 128ff.

den Beginn der südarabischen Zivilisation in die Zeit zwischen dem 13. und 10. Jahrhundert v. Chr.[106] Im Verlaufe des Jahres 1995 wurde dem Verfasser ein weiteres Buch bekannt: ›Documentation for Ancient Arabia‹, sein Verfasser ist K. A. Kitchen. Er ist ebenfalls der Ansicht, daß die „Kurze Chronologie" von Pirenne nicht mehr aktuell ist und läßt die "Old Sabean Period" um 1200 vor Chr. beginnen.[107] Nachdem leider schon durch den Tod von Herrmann von Wissmann 1979 einer der „Kämpfer" für die „Lange Chronologie" die Diskussionsarena verlassen mußte, ist es um so bedauerlicher, daß auch die „Hauptstreiterin" für die „Kurze Chronologie", Frau Pirenne, 1990 verstorben ist.

3. Vorstellung der verschiedenen alt-südarabischen Reiche

Als erstes Reich wäre das von Saba mit seiner Hauptstadt[108] Marib zu nennen. Der zeitliche Beginn dieses Reiches ist, wie aus den vorhergehenden Ausführungen ersichtlich ist, in der Forschung umstritten. Der Verfasser plädiert für das 8. Jahrhundert v. Chr. Auch wenn die in den beiden assyrischen Inschriften genannten Sabäer, Itamara und Karibilu, nicht mit den in der großen sabäischen Inschrift (GI 1703) genannten Personen identisch sind, so hat es jedenfalls im 8. Jahrhundert v. Chr. Herrscher in Saba gegeben. Außerdem haben geomorphologische Untersuchungen in der Oase von Marib ergeben,[109] daß die ersten fest eingerichteten Bewässerungsbauten schon in der ersten Hälfte des 1. Jahrhunderts v. Chr. existierten.

Die Sabäer waren lange Zeit die vorherrschende Macht in Südarabien. Das Ende des selbständigen Reiches von Saba begann mit dem Aufkommen des Reiches von Himyar, Ende des 2. Jahrhunderts

[106] Siehe Robin, S. 51.

[107] K. A. Kitchen, The World of Ancient Arabia Series, Documentation for Ancient Arabia (DAA), Part. I, Chronological Framework & Historical Sources, Liverpool 1994. Das Datum 1200 vor Chr. wird unter anderem auf Seite 132 genannt. Das sehr detaillierte Werk ist mir erst kurz vor Fertigstellung dieses Buches in die Hände gelangt, und ich konnte es daher nur begrenzt berücksichtigen, ebenso jetzt A. Avanzini in Quaderni di Studi Arabi 11 (1993), S. 7ff., anders G. Garbini in derselben Zeitschrift, S. 19ff.

[108] Zum Begriff „Hauptstadt" ("Capital") siehe Beeston PSAS 1 (1970), S. 26ff., PSAS 5 (1975), S. 7 note 1.

[109] Siehe Brunner ABADY II (1983), S. 109/10, evtl. sogar noch früher, siehe hier S. 48.

v. Chr. Etwa Mitte der 2. Hälfte des 3. Jahrhunderts n. Chr. spielte Saba im politischen Leben keine große Rolle mehr, es gab zwar das sabäo-himyarische Reich, aber das Schwergewicht lag bei Himyar.[110]

Als nächstes Reich ist das von Main, das minäische Reich, zu nennen: Sein Kerngebiet lag in der großen Flußoase al-Dschauf, die nordöstlich von Marib beginnt: Für die Datierung dieses Reiches, d.h. Anfang und Ende, gibt es wiederum auch verschiedene Ansichten. Von Wissmann[111] nennt die Zeit von ca. 420–120 v. Chr., ähnlich W. W. Müller.[112] W. F. Albright[113] datiert den Beginn ebenfalls um 400 oder etwas später. Das Ende setzt er allerdings in die Zeit zwischen 50 und 25 v. Chr.; Pirenne[114]: 5. Jahrhundert v.–200 n. Chr. J. Ryckmans[115] hält das von Albright vorgeschlagene Anfangsdatum für zu niedrig, er plädiert für die Mitte des 6. Jahrhunderts v. Chr. als Beginn der Regierungszeit des ersten minäischen Herrschers. Als Enddatum nennt er 125 v. Chr. Während seiner Blütezeit, etwa Mitte des 4. Jahrhunderts v. Chr., hatte dieser Staat einen großen Teil der Weihrauchstraße unter Kontrolle; sogar in Nordarabien, im heutigen Saudi-Arabien, in Dedan (heute el-Ula), gab es eine minäische Kolonie zum Schutz und zur Sicherung des Handelsweges. Die für die damalige Zeit weltweiten Verbindungen der Minäer zeigen sich in der Erwähnung von Ägypten und Gaza in minäischen Texten. Auf der griechischen Insel Delos haben zwei Minäer ihrem heimischen Mondgott Wadd einen Altar gestiftet.[116]

Ein weiteres Reich, das zu Anfang der uns bekannten südarabischen Geschichte eine bedeutende Rolle gespielt hat, ist das Reich von Ausan. Es war berühmt wegen seiner ausgedehnten Handelsbeziehungen, vor allem zur afrikanischen Ostküste bis hin nach Sansibar. Sein Kerngebiet bildete das Hochland zwischen Baihan, Wadi Markha und den Tälern von Nisab im Norden und Audhilla und Da-

[110] Müller, Jemen-Katalog, S. 53.

[111] ANRW II. 9.1, S. 362, 415.

[112] Jemen-Katalog, S. 51.

[113] BASOR Nr. 129 (1953), S. 20ff.

[114] Jemen-Katalog, S. 124ff.; in Qataban S. 7, S. 54; allerdings setzt sie den Beginn um ca. 300 v. Chr. und das Ende um 250 n. Chr. an.

[115] Siehe L'Institution Monarchique, S. 268/69. Später (siehe hier S. 35, Anm. 39–41) schloß er sich der „Kurzen Chronologie" von Pirenne an, um diese dann wieder zu verwerfen.

[116] Zu den Handelsbeziehungen siehe J. Ryckmans, JEOL 15 (1957–1958), S. 242ff.

thina im Südosten.[117] Besonders das Gebiet von Wusr erscheint öfters in den Inschriften. Ausan war aber auch im Besitz der Küstenregion mit Aden als Haupthafen. Die Hauptstadt war Miswara im Inneren des Landes. Pirenne[118] glaubt, sie auf Grund umfangreicher Surveys im Gebiet von Wusr, in dem heutigen Ort Hajar as-Sa'ada im Wadi Markha, wiedergefunden zu haben.

Unsere Kenntnisse über das Reich von Ausan sind sehr dürftig und so ist es auch schwierig, ein Anfangsdatum zu nennen.[119] Wir besitzen lediglich ein Enddatum, allerdings ist auch dieses umstritten. Es handelt sich um eine Siegesinschrift des sabäischen Mukarrib Karib'îl Watar (RES 3945). Danach wurde Ausan vernichtend geschlagen und sein Gebiet dem damals noch sabäischen Vasallen Qataban zugeschlagen. Pirenne[120] nennt dafür das Datum „um 460 v. Chr.", J. Ryckmans[121] „kurz vor 400". Während von Wissmann ursprünglich,[122] sich dabei auf Ryckmans berufend, ebenfalls für das Ende des 5. Jahrhunderts plädierte, gibt er in einem seiner letzten Werke[123] das Datum 685 bzw. 680 an. Es ist des weiteren nicht auszuschließen, daß das Reich von Ausan in späterer Zeit in verkleinertem Umfang als Staat nochmals wieder„auftauchte". Dies hängt vor allem von der Datierung einer Statuette ab, die mit Inschrift den ausanischen König Yasduq'il Fara'm Sarah'at darstellt. Von Wissmann – Höfner,[124] unter Berufung auf B. Schweitzer, datieren sie, anhand der Kleidung, „in und vor die Mitte des 5. Jahrhunderts". Pirenne[125] dagegen kommt zu

[117] Zur Geographie von Ausan siehe v. Wissmann – Höfner, Beiträge, S. 275 ff.; J. Pirenne, Raydan 3 (1980), S. 213 ff. und Raydan 4 (1981), S. 205 ff.

[118] Siehe Raydan 3, S. 238 und Raydan 4, S. 234; Lankester Harding: Archaeology in the Aden Protectorates, S. 1; Doe: Südarabien, S. 77 und H. St. John Philby: Sheba's Daughters (1939), S. 346/48 plädieren für Hajar an-Na'b im selben Wadi, 10 km westlicher, J.-F. Breton, Raydan 6 (1994), S. 41 ff. für Hajar Yahirr (Yahar) weiter östlich im Wadi Markha.

[119] Der Verfasser konnte in den einschlägigen Werken kein Datum finden.

[120] Raydan 4, S. 231; allerdings gibt sie in Raydan 3, S. 236 das Datum 400 an.

[121] L'Institution Monarchique, S. 274; Doe: Südarabien, S. 78 nennt ein ähnliches Datum: 410 v. Chr.

[122] Beiträge, S. 288/89.

[123] ANRW II. 9.1, S. 353, 333.

[124] Beiträge, S. 69/70.

[125] Syria 38 (1961), S. 284 ff.; siehe auch Raydan 4, S. 234; ferner siehe Beeston: BiOr 9 (1952), S. 215, AfO 17 (1954–56), S. 166; J. Ryckmans: BiOr 11 (1954), S. 136.

einer Datierung Anfang 1. Jahrhundert n. Chr., ebenso C. Rathjens[126]. Würde letztere Datierung zutreffen, so wäre in der Tat ein „Wiederauftauchen" des Reiches von Ausan, wahrscheinlich aber in verkleinerter Form, anzunehmen.[127]

Ein sehr bedeutendes Reich war das von Qataban. Das Kerngebiet bildete das Wadi Baihan südlich von Saba. Hier lag auch die Hauptstadt von Timna[128] (heutiger Name Hajar Kuhlan). Der zeitliche Beginn dieses Reiches ist „natürlich" auch umstritten. Es hängt von der Datierung des schon erwähnten Tatsachenberichtes des Sabäer-Herrschers Karib'îl Watar (RES 3945) ab. Hier wird Qataban zum ersten Mal inschriftlich erwähnt. Es wird von der Vorherrschaft Ausans befreit, bleibt aber ein Vasall Sabas. Dieses Ereignis könnte zwischen 685–430 v. Chr. stattgefunden haben.[129] Es gelang Qataban aber bald, seine Unabhängigkeit zu erlangen (400 v. Chr.[130]) und sein Staatsgebiet erheblich zu vergrößern. Es reichte jetzt bis an den Indischen Ozean und im Norden bis an die Oase al-Dschuba, eine knappe Tagesreise von Marib[131] entfernt. Für etwa knappe drei Jahrhunderte spielte Qataban eine wichtige Rolle unter den südarabischen Reichen. Dann gelang es zwei ehemaligen Gauen Qatabans, Himyar und Radman, mit Unterstützung von Saba, sich selbständig zu machen, so daß sich das Staatsgebiet Qatabans wesentlich verkleinerte, vor allem ging die Küstenregion verloren.[132] Der endgültige Untergang Qata-

[126] In Jahrbuch für Kleinasiatische Forschung 1 (1950), S. 28.

[127] Siehe Pirenne, Raydan 3 (1980), S. 234ff.

[128] Die beiden Namensformen sind keineswegs völlig gesichert. Es finden sich auch bei den antiken Autoren die Formen Tamna bzw. Kitibaina – siehe dazu Müller, Jemen-Report Nr. 9 (1975), S. 14, wo ein Überblick über die Geschichte Qatabans gegeben wird; siehe weiter von Wissmann, ANRW II, 9.1, S. 539. Das „Standardwerk" über dieses Reich ist aber immer noch das von Pirenne: ›Le Royaume Sud-Arabe de Qataban et sa Datation‹ (1961), siehe auch Robin in Suppl. au Dictionaire de la Bible, fasc. 50B (1979), S. 597ff. Art. ›Qataban‹, col. 598, weiter Beeston in EI IV (1978), Art. ›Kataban‹, S. 746 und Bafaqih, L'Unification du Yemen antique (1990), S. 195ff.

[129] Von Wissmann, ANRW II 9.1, S. 353, datiert die Inschrift 685 v. Chr.; Pirenne, Paléographie S. 118, Tafel nach S. 337: um 430 v. Chr.

[130] So etwa Müller in Jemen-Katalog, S. 51; W. F. Albright in BASOR, Nr. 119 (1980), S. 5ff. (11) gibt für "The entire monarchy of Qataban" die Daten 400–50 v. Chr. an, die ersten Mukarribe von Qataban dagegen sind nach Albright schon im 6. Jh. v. Chr. bezeugt; Pirenne: Qataban, S. 7, nennt das Datum 300 v. Chr.

[131] Siehe Müller in Jemen-Katalog, S. 51.

[132] Siehe von Wissmann, ANRW II. 9.1, S. 395.

bans wurde durch seinen östlichen Nachbarn, Hadramaut, herbeigeführt. Wann die Eroberung Timnas und das Ende des Reiches allerdings stattgefunden hat, ist umstritten. Albright[133] nennt als Datum 50 v. Chr., von Wissmann[134] 100 n. Chr. und Pirenne[135] setzt die Zerstörung Timnas um 200 n. Chr. und das Ende des Reiches um 250 n. Chr. an.

Als weiteres ist das Reich von Hadramaut ganz im Osten zu nennen. Heute bezeichnet dieser Name im wesentlichen nur das tief eingeschnittene, ca. 170 km von der südarabischen Küste entfernt liegende und auf einer Strecke von ca. 200 km parallel zu ihr verlaufende Wadi. Im Altertum umfaßte dieses Reich aber ein Gebiet, das im Osten das Weihrauchland Dhofar im heutigen Oman einschloß und im Süden bis an die Küste des Indischen Ozeans reichte. Im Norden grenzte es an die große Sandwüste, die Rub al-Chali. Die Hauptstadt Schabwat, das heutige Schabwa, lag im äußersten Westen des Reiches am Rande der Ramlat Sayhad-Wüste. Diese Lage erklärt sich dadurch, daß hier die Weihrauchstraße verlief. Anfangs war das hadramitische Reich ein Vasall Sabas, konnte sich dann aber im 4. Jahrhundert v. Chr. selbständig machen. Durch den Besitz des eigentlichen Weihrauchlandes, dem Dhofar und der wichtigen Häfen Qana und Sumhuram (im Oman), war Hadramaut zeitweilig einer der wichtigsten und mächtigsten Staaten Südarabiens. Da die hadramitischen Inschriften in Zahl und Umfang nicht sehr bedeutend sind, ist es schwierig, eine Rekonstruktion der Geschichte dieses Reiches vorzunehmen. Wir sind vor allem auf sabäische Inschriften und griechische und römische Quellen angewiesen. Das Ende des Reiches von Hadramaut ist wiederum schwer zu datieren. Müller[136] und B. Doe[137] nennen das zweite Jahrzehnt des 4. Jahrhunderts n. Chr., bzw. Mitte des 4. Jahrhunderts, während

[133] BASOR Nr. 119 (1950), S. 6, Anm. 4, S. 13.

[134] ANRW II. 9.1, S. 455; ebenso Doe: Südarabien, S. 71; Müller in Jemen-Katalog, S. 52: Zerstörung Timnas im ersten Viertel des 1. Jh. n. Chr., Ende des qatabanischen Reiches: zweite Hälfte des 2. Jh.

[135] Qataban, S. 7, S. 29, Tafel nach S. 232; Müller in Jemen-Katalog, S. 52: zweite Hälfte des 2. Jh. n. Chr., J. Ryckmans: La chronologie des rois de Saba et Du Ráydan (1984), S. 27: Ende des 2. Jh. oder etwas später, Beeston, EI IV (1978), S. 746; spätestens ab dem 4. Jh. n. Chr. wird Qataban in den Inschriften nicht mehr erwähnt, Kitchen, The World of Ancient Arabia series, Part I, S. 37: 160 n. Chr.

[136] Siehe S. 53.

[137] Siehe Südarabien, S. 104.

J.-F. Breton[138] und von Wissmann – M. Höfner[139] die Eroberung des Hadramaut dem sabäo-himyaritischen Herrscher Schammar Yuhar'isch, der alleine ab 295 n.Chr. regierte, zuschreiben.

Als zeitlich letztes in Erscheinung tretende, aber keinesfalls unbedeutende, Königreich ist das von Himyar zu nennen. Die Himyaren scheinen ursprünglich Vasallen des qatabanischen Reiches gewesen zu sein, denn ihr Kerngebiet lag in deren einstigen Gebiet.[140] Die Hauptstadt war Zafar (im ehemaligen Nordjemen, östlich der Straße Yarim – Ibb). Die himyarische Ära begann 115 v.Chr.,[141] sie ist aber in Inschriften erst ab dem 1. Jahrhundert n.Chr. bezeugt. Was der genaue Anlaß für dieses Datum war, das ist unklar, vielleicht war es das Jahr der Unabhängigkeit.[142] Die folgenden Jahrhunderte waren vor allem geprägt von den Auseinandersetzungen zwischen Himyar und Saba, aus denen am Ende Himyar als Sieger hervorging (etwa Mitte der 2. Hälfte des 3. Jahrhunderts[143]). Als letzter Gegner wurde dann Hadramaut besiegt (etwa zwischen 350–300 n.Chr.[144]). 523 eroberten die Abessinier das Land, und Ende des 6. Jahrhunderts wurde der Jemen kurzfristig sasanidische Provinz, um bald danach muslimisch zu werden.

[138] Siehe Raydan 4 (1981), S. 184, Beeston EI III (1979), Art. ›Hadramaut‹, S. 51ff.: Ende des 3. Jh. n.Chr.

[139] Beiträge, S. 334/35.

[140] Zu den Himyaren siehe von Wissmann: ›Himyar, Ancient History‹ (Le Muséon 77 [1964], S. 429ff.); man sollte aber auch dabei die kritische Besprechung von Beeston PSAS 5 (1975), S. 1ff. heranziehen; weiter siehe Bafaqih, L'Unification du Yemen antique, S. 175ff. und S. 345ff.

[141] Dies ist mehr oder minder die einhellige Meinung der Forschung. Pirenne allerdings geht anhand paläographischer Kriterien von zwei verschiedenen Hauptären aus: der sabäischen, beginnend um 110 v.Chr., und der himyaritischen mit 115 v.Chr. als Anfangsdatum, siehe PSAS 4 (1974), S. 118; dazu kritisch Beeston PSAS 11 (1981), S. 1ff.; siehe weiter von Wissmann, ANRW II. 9.1, S. 418ff. Seine Ausführungen, S. 419, Anm. 235d über die Datierungen von Pirenne sind allerdings nicht ganz zutreffend, siehe auch Robin in L'Arabie antique, S. 15, 151, der für 110 v.Chr. plädiert.

[142] So von Wissmann, ANRW II. 9.1., S. 421

[143] So Müller in Jemen-Katalog, S. 53

[144] Siehe S. 53, Anm. 136ff.

4. Geschichte Südarabiens vom 10. Jahrhundert v. Chr. bis zum 7. Jahrhundert n. Chr.

Aus den vorangegangenen Ausführungen dürften die Schwierigkeiten für eine detaillierte Darstellung der Geschichte der alt-südarabischen Reiche klar ersichtlich geworden sein. Ohne weitere archäologische Forschungen und neue Inschriftenfunde wird daher eine alt-südarabische Geschichtsschreibung immer lückenhaft bleiben.

Der Leser dieses Büchleins wird vielleicht fragen, warum dieses Kapitel mit dem 10. Jahrhundert v. Chr. beginnt, wo doch der Verfasser vorher gesagt hat, daß für ihn die Geschichte Sabas im 8. Jahrhundert v. Chr. anfängt. Die Erklärung ist verhältnismäßig einfach: Auf diese Weise kann wenigstens kurz auf die berühmte Geschichte des Besuches der Königin von Saba bei Salomon eingegangen werden. Während man die Vermutung von Grohmann[145], daß die Namen Saba und Sabum in sumerischen Texten des 3. Jahrhunderts v. Chr. auf die Sabäer hindeuten, wohl als unrichtig ansehen kann, ist die Frage, ob der im 1. Buch der Könige, Kapitel 10, geschilderte Besuch der Königin von Saba bei Salomon stattgefunden hat oder nicht, nicht mehr so klar zu entscheiden. Pirenne[146] macht es sich meines Erachtens zu einfach, wenn sie etwas ironisch bezüglich der Anhänger der „Langen Chronologie" die Frage stellte, ob diese letzten Endes nicht auf dem „schönen Wunsch besteht, die Königin von Saba, die im 10. Jahrhundert gelebt haben müßte, in den chronologischen Ablauf einzuordnen". So ist von Wissmann[147] überzeugt, daß dieser Besuch tatsächlich stattgefunden hat. Unstreitig ist weiterhin, daß es Königinnen in Arabien gegeben hat. Dies ergibt sich aus assyrischen Annalen. Es seien nur die Namen Zabibe, Schamschi und Te'elhunu genannt, die alle in das 8. Jahrhundert v. Chr. gehören.[148] Auch wenn wir den Namen der „Königin von Saba" nicht kennen, insofern ist es eine Legende, so kann man Müller[149] nur zustimmen, wenn er über den Bericht im Buch der Kö-

[145] Siehe Arabien (1963), S. 24.

[146] Siehe Jemen-Katalog, S. 128.

[147] Siehe Die Geschichte von Saba' I, S. 53/54, S. 85/86; auch Ephe'al, Ancient Arabs, S. 63/64 hält diesen Besuch für „höchst wahrscheinlich".

[148] Siehe E. A. Knauf, Ismael. Untersuchungen zur Geschichte Palästinas und Nordarabiens im 1. Jahrtausend v. Chr. (1985), S. 5. Siehe auch Hommel in Handbuch der altarabischen Altertumskunde (Hrsg. D. Nielsen), S. 65/66; J. A. Montgomery, Arabia and the Bible (1934), S. 180/81.

[149] Jemen-Katalog, S. 50; ähnlich Beeston, EI VIII (1995), S. 665.

nige“ schreibt: „Ein Bericht, dessen historischer Kern in der Anknüpfung oder Ausweitung von Handelsbeziehungen zu suchen sein dürfte.“ Es darf allerdings nicht übersehen werden, daß der Bericht im „Buch der Könige“ etwa erst im 6. Jahrhundert, also vier Jahrhunderte später, seine endgültige Redaktion erfahren hat.

Am Rande vermerkt sei, daß die Entfernung Marib – Jerusalem 2400 km betrug. Rechnet man die Tagesleistung eines Lastkamels mit 30 km, so war die Königin von Saba ca. 160 Tage, d. h. über 5 Monate für Hin- und Rückweg unterwegs. Ein Teil dieser Strecke lag außerhalb des Sabäerreiches. Es kann also davon ausgegangen werden, daß hier Abkommen mit den dort herrschenden Stämmen bestanden, die einen ungehinderten Durchzug und die Versorgung der Karawanen ermöglichten.[150]

Eine 1990[151] publizierte assyrische Tontafelinschrift, die bei Grabungen in der Gegend von Haditha (ca. 250 km nordwestlich von Baghdad) gefunden wurde, besagt, daß ein Statthalter von Suchu und Mari (mittlerer Euphrat), der um die Mitte des 8. Jahrhunderts v. Chr. herrschte, bei der Stadt Hindanu in der Nähe der heutigen Stadt Abu Kemal eine Karawane aus Teima und Saba überfallen hat. Dies ist, sieht man einmal von den Bibelstellen ab, die älteste Inschrift, in der Saba erwähnt wird. In einem neueren Aufsatz[152] weist M. Liverani nun darauf hin, daß das kleine Reich von Hindanu das einzige in dieser Region gewesen sei, das Dromedare als Tribut an Assyrien geleistet habe, des weiteren Myrrhe, pupurgefärbte Textilien und Alabaster. Dies sei durch die Annalen des assyrischen Königs Tukulti-Ninurta (890–884 v. Chr.) belegt. Andererseits war Hindanu in der Zeit Tiglathpilesers I. (1114–1026 v. Chr.) weder unabhängig gewesen, noch lieferte es exotische Waren als Tribut so wie später. Liverani nimmt daher an, daß Hindanu seine Funktion als Karawanenstützpunkt zwischen Südarabien und Mesopotamien zwischen 1075 und 890 v. Chr. eingenommen hat. Ein Beginn des Handels mit Südarabien in der zweiten Hälfte des 10. Jahrhunderts würde also durchaus zu dem Besuch der Königin von Saba bei Salomon (ca. 960–920 v. Chr.) passen.

150 Siehe dazu von Wissmann, Die Geschichte von Saba' I, S. 53/54.

151 Siehe A. Cavigneaux – B. K. Ismail in Baghdader Mitteilungen 21 (1990), S. 32 ff. [339, 351, 357].

152 Siehe Yemen. Studi archeologici, storici e filologici sull'Arabia meriditionale 1 (1992), S. 111 ff., weiter H. D. Galter in Festschrift W. Dostal, Studies in Oriental Culture and History (Hrsg. A. Gangrich et al. [1993]), S. 29 ff.

In diesem Zusammenhang ist die Frage interessant, seit wann die Sabäer in dem Gebiet um Marib saßen. Einmal wird angenommen, daß sie zur Zeit Salomons noch in der Gegend von Dedan (Saudi-Arabien) bzw. in Nordarabien lebten und später nach Südarabien auswanderten.[153] J. Ryckmans[154] vermutet wiederum, daß die Sabäer ursprünglich im Südwesten des Jemen zuhause waren und sich später nach Marib vorschoben. Auch von Wissmann[155] hält dieses Eindringen für möglich. Im Gegensatz zu Ryckmans, der zu diesem Zeitpunkt von der „Kurzen Chronologie" ausging, meinte er allerdings, daß ein solcher Einbruch „einige Zeit vor dem 10. Jahrhundert v. Chr." stattfand. Zu Beginn des sabäischen Reiches scheint Sirwah die Hauptstadt gewesen zu sein. Marib wurde erst später Zentrum des Reiches.

Die neueren Grabungsergebnisse der Amerikaner im Wadi al-Jubah und vor allem die von de Maigret im Gebiet des Wadi Dhana, die doch eine durchgehend kontinuierliche Besiedlung von mindestens dem 10. Jahrhundert v. Chr. beweisen, deuten eher auf das frühere Datum von von Wissmann hin. Meines Erachtens kann die sabäische Kultur nicht einfach im 5. Jahrhundert v. Chr. mit Schrift und meisterhaft ausgeführten Bauten sowie einer vollendeten Bewässerungswirtschaft plötzlich ins Rampenlicht der Geschichte getreten sein. Es bedarf eben weiterer archäologischer Untersuchungen, um die noch bestehenden Lücken zu füllen. Zur Zeit ist davon auszugehen, daß die Sabäer inschriftlich Ende des 8. Jahrhunderts v. Chr., genauer gesagt um 715 und kurz danach um 685 v. Chr. durch assyrische Inschriften faßbar sind.[156] Eine der ersten sabäischen Inschriften selbst ist dann der schon erwähnte Feldzugsbericht gegen Ausan von Karib'îl Watar (RES 3945), die allerdings verschieden datiert wird: Zwischen 685 und 400 v. Chr. Zur besseren Information sei diese Inschrift nachfolgend teilweise vorgetragen:

„... und er (Karib'îl) es in Wusr (Name der Hauptstadt steht für Ausan) schlug, bis er Ausan und seinen König Muratta'um hinweg-

[153] So Hommel in Handbuch der altarabischen Altertumskunde (Hrsg. D. Nielsen), 1927, S. 60, 151, 161/62, 180; Müller glaubt, daß die Sabäer aus dem nordostarabischen Raum, d.h. aus der Region am Arabisch-Persischen Golf, eingewandert seien, siehe Jemen-Katalog, S. 50.

[154] In JEOL, Nr. 15 (1957–58), S. 242, Anm. 12.

[155] ANRW II. 9.1, S. 342, Anm. 67; etwas anderes aber in Die Geschichte von Saba' II, S. 59/60.

[156] Siehe S. 34.

fegte; und die Oberhäupter der Ratsversammlung von Ausan hatten es (gemeint sind die Sabäer) für Samahat (möglicherweise die Hauptgöttin von Ausan) bestimmt, er (Karib'îl) aber bestimmte es zur Tötung und Gefangenschaft; und als er die Zerstörung seines (des ausanischen Königs) Palastes Maswar (wohl der Name des königlichen Palastes) veranlaßte und die Entfernung aller Inschriften, welche Karib'îl bezeichnet hatte, aus seinem Palast [Maswar] und der Inschriften der Tempel seiner Götter und er [...] seinen Palast Maswar und die Kinder des Almaqah (gemeint sind die Sabäer) und die Stämmekonföderation, seine Freien und seine Sklaven, aus den Gebieten von Ausan und seiner Städte zurückführte ..."[157]

Anlaß zu diesem Krieg waren wohl die Unternehmungen des Herrschers von Ausan, der selbst sabäischer Vasall war, gegen einen anderen sabäischen Vasall, nämlich Hadramaut.

Im 7. und 6. Jahrhundert v. Chr. dürfte das sabäische Reich auf dem Höhepunkt seiner Macht gestanden haben. Dieselbe Inschrift berichtet auch von der Erweiterung des Reichsgebietes nach Nordwesten in die Gegend von Nadjran. Ebenfalls in dieser Zeit, von Wissmann[158] und andere[159] nennen sogar ein früheres Datum, nämlich das 10. Jahrhundert v. Chr., hatten die Sabäer ihre Macht auch nach Äthiopien, also auf die andere Seite des Roten Meeres, ausgedehnt. Pirenne[160] geht dagegen vom 5. Jahrhundert v. Chr. aus. Der südarabische Einfluß machte sich dort besonders in der Schrift, der Religion und der Sprache bemerkbar.

Einer der Nachfolger Karib'îl Watars, Yada'il Darih, errichtete dann zu Ehren des Reichgottes Almaqah drei Tempel, von denen zwei auch heute noch den Besucher beeindrucken: Einmal Mahram Bilqis/Awwam bei Marib und dann der große Rundtempel in Sirwah. Der dritte Bau bei al-Masajid, 27 km südlich von Marib, ist dagegen leider

157 Übersetzung von W. W. Müller in O. Kaiser (Hrsg.), Texte aus der Umwelt des Alten Testaments Bd. I. Lieferung 6 (1985), S. 651 ff.

158 Siehe ANRW II. 9.1, S. 340; siehe ebenfalls Die Geschichte von Saba' I, S. 89 ff., 104/5; hier drückt sich von Wissmann etwas vorsichtiger aus; siehe aber auch R. Fattovich in PSAS 7 (1977), S. 73 ff., der eine direkte Kolonisation Abessiniens durch Saba ablehnt, siehe auch Bafaqih, L'Unification du Yemen antique, S. 253 ff.

159 Zum Beispiel W. F. Albright brieflich an von Wissmann (s. hier Anm. 158) und in G. Van Beek, Biblical Archaeologist 5 (1952), S. 6.

160 Siehe Paléographie, S. 151; ebenso A. Caquot und A. J. Drewes in Annales des Ethiopie I, (1955), S. 26, 30; Drewes BiOr 13, (1956), S. 179 ff., [S. 180, Anm. 15].

schon ziemlich zerstört. Etwas später – zweite Hälfte des 6. Jahrhunderts[161] – wird dann der große Staudamm von Marib errichtet; wobei Inschriften (CIH 622, 623)[162] erkennen lassen, daß zwei aufeinanderfolgende Herrscher an diesem „Weltwunder" bauten.

Die politische Situation in dieser Zeit – 7./6. Jahrhundert – muß man sich etwa so vorstellen: es gab den Stamm Saba mit dem Zentrum Marib und Sirwah. Es handelte sich also um ein verhältnismäßig kleines Staatsgebiet. Dieses Territorium wurde aber wesentlich erweitert durch die Vasallen, die Saba kontrollierte. Es sind dabei zwei Arten von Vasallentum zu unterscheiden: zum einen die völlige Abhängigkeit unter der Vorherrschaft Sabas und zum zweiten die Schutzherrschaft, die Saba über einen Stamm ausübte, der dabei eine gewisse Selbständigkeit behielt, aber tributpflichtig war. Für beide Arten der Vasallenschaft aber galt die Anerkennung des sabäischen Hauptgottes Almaqah.[163] An der Spitze Sabas und seiner Vasallen stand der Mukarrib, der „Vereiniger des Landes"[164].

Die Stellung der anderen, später mächtig und unabhängig werdenden Reiche wie Main, Qataban und Hadramaut ist für diese Zeit nicht ganz klar. Robin[165] ist der Ansicht, daß die beiden letzten Reiche Bundesgenossen („Brüder") Sabas gewesen seien, denn Karib'îl habe ihre Namen mit ihren jeweiligen Staatsgottheiten genannt.

In einer Inschrift (RES 3943)[166] des Yita'amar Bayyin, der zweite Herrscher, der an der Errichtung des Staudammes von Marib mitwirkte, taucht zum ersten Mal der Name der Minäer auf: Main wird zusammen mit Muha'mir (Nadjran, Saudi-Arabien) und Amir (Gebiet zwischen Nadjran und Main) geschlagen. In dieser Zeit, Mitte bis Ende des 5. Jahrhunderts, wurde das ausanische Reich ebenfalls von Saba in mehreren Feldzügen entscheidend besiegt.[167]

Man darf davon ausgehen, daß die „Konkurrenzreiche" von Saba, nämlich Main, Qataban und Hadramaut, bevor sie Vasallen von Saba wurden, um dann schließlich eigenständige Reiche zu bilden, bereits

[161] So Müller, Jemen-Katalog, S. 50.

[162] CIH = Corpus Inscriptionum Semiticarum, Pars Quarta (Himyariticas continens), in Paris, seit 1889 erscheinende Inschriftenpublikation.

[163] Siehe dazu Robin in Jemen-Katalog, S. 77.

[164] Siehe S. 34, Anm. 32.

[165] Siehe Jemen-Katalog, S. 77.

[166] Von Wissmann in Die Geschichte von Saba' II, (1982), S. 46 datiert die Inschrift „etwa 510 v. Chr.".

[167] Siehe S. 51.

eine unabhängige Periode durchlaufen hatten. Von Wissmann[168] schließt das aus der Verschiedenheit dieser drei Sprachen bzw. Dialekte gegenüber dem Sabäischen.

Auf jeden Fall dürften diese drei Reiche ab etwa 400 v. Chr.[169] unabhängig von Saba geworden sein. Wir wissen aus einer Inschrift (RES 3858), daß Saba gegen Qataban um 390[170] eine schwere Niederlage erlitt und Teile seines Reiches im Süden verlor.

Die erste minäische Königsinschrift (RES 2980) stammt aus Yatill (heute Baraqisch) und wird um 420 v. Chr. datiert.[171] Bald danach sind uns auch Inschriften aus der Hauptstadt Qarnawu bekannt: Die Minäer scheinen ihre Selbständigkeit gegenüber Saba mit Hilfe des Reiches von Hadramaut erreicht zu haben.[172] Spätestens um die Mitte des 4. Jahrhunderts v. Chr.[173] hatten sie die Sabäer als Beherrscher der Weihrauchstraße abgelöst, die sie von dann ab gemeinsam mit Hadramaut kontrollierten.

Von nun ab existierten vier Reiche nebeneinander: Saba, Main, Qataban und Hadramaut. Allerdings sollte dieses mehr oder minder bestehende Gleichgewicht der Kräfte nicht ewig dauern.

Zwischen 125–120 v. Chr. begann sich die Lage zu verändern. Auslösender Faktor scheint der Stamm der Himyar gewesen zu sein. Damit beginnen jedoch wieder neue Probleme. Wer genau waren diese Himyaren? Wir hören zum ersten Mal von den Himyaren durch eine hadramitische Inschrift (RES 2687) aus dem Anfang des 1. Jahrhunderts n. Chr.,[174] die von der Errichtung der Sperrmauer von Qalat (nördlich des hadramitischen Hafens Qana, bei Bir Ali) berichtet. Ebenso erzählt Plinius (N.H.VI, XXXII, 161) von den Homeriten, den Himyaren, daß sie am zahlreichsten seien.[175]

[168] Von Wissmann a. a. O.; siehe auch hier S. 17.

[169] Siehe S. 50 ff.

[170] Dieses Datum findet sich bei von Wissmann in Geschichte von Saba' II, S. 351; ANRW II. 9.1, S. 374; Pirenne, Paleographie, S. 177: um 300 v. Chr.

[171] Von Wissmann, ANRW II. 9.1, S. 362.

[172] Von Wissmann, S. 381.

[173] Siehe Müller, Artikel ›Weihrauch‹ in RE, Supplement-Band XV (1978), S. 725.

[174] So Müller in Jemen-Katalog, S. 52.

[175] Dieser Bericht soll von dem Heerführer Aelius Gallus selbst stammen, der den römischen Feldzug gegen die südarabischen Reiche anführte – so von Wissmann, ANRW II. 9.1, S. 467; andererseits wird allgemein Juba als Hauptquelle Plinius angesehen – siehe K. Sallmann in „Der kleine Pauly", 4. Band (1972), Sp. 932.

Diese Himyaren bieten nun allerdings insofern ein Problem, als sie von den meisten Forschern[176] als ein Stamm angesehen werden. Beeston[177] dagegen unterscheidet zwischen den „Kleinen" („Lesser") und den „Großen" („Greater") Himyaren. Erstere hätten an der Küste des Indischen Ozeans um das Wadi Mayfa'a gelebt – demnach hätten die Hadramiten gegen diese Gruppe die Mauer von Qalat errichtet –, während die „Großen" Himyaren 300 km weiter östlich im Wadi Banah zu suchen gewesen seien. Von Wissmann nimmt an, daß das Heimatland der Himyar das heutige Hochgebirge von Yafa nordwestlich von Aden war, d. h., dieses Gebiet gehörte zum Reich von Qataban und wurde bis zur Selbständigkeit der Himyaren Dahas genannt. Allerdings schreibt von Wissmann an anderer Stelle,[178] daß die Himyaren ursprünglich weiter im Osten gesessen hätten und dann nach Westen gewandert seien. Diese Wanderung habe die Kriege ab 120 v. Chr. eingeleitet.

Auf jeden Fall eroberten die Himyaren Teile Qatabans, und ab 115 v. Chr. begann die himyarische Ära, wobei dieses Jahr gewählt wurde, weil es den Beginn von Himyar als unabhängigem Staat markiert.[179] Die Hauptstadt des Reiches wurde Zafar, das südlich von Yarim im Gebirge auf einer Höhe von fast 3000 m lag.

Es sollte eine längere Zeit der Kriege, jeder gegen jeden, folgen, wobei die Koalitionen häufig wechselten. Wie schon an anderer Stelle[180] erwähnt, sind die Enddaten für das Verschwinden einzelner Reiche in der Forschung sehr umstritten. Man kann nur soviel mit einiger Sicherheit sagen, daß die Reiche von Main und Qataban als erste auf der Strecke blieben. Die „Gewinner" der Auseinandersetzungen waren am Ende Saba, Himyar und Hadramaut. Interessant, aber auch in der Forschung umstritten, sind dabei die Auseinandersetzungen zwischen Saba und Himyar. Es wird häufig von dem sabäohimyarischen Reich gesprochen, als ob es ein einheitliches einziges Staatsgebilde gewesen sei. Dem war aber nicht so. Die Herrscher der beiden Reiche beanspruchten des öfteren den Besitz des jeweiligen

[176] So etwa von Wissmann, Le Muséon 77 (1964), S. 429ff., ANRW II: 9.1, S. 420; auch bei anderen Forschern, z. B. bei Doe, Südarabien oder Müller im Jemen-Katalog, S. 50ff. findet sich keinerlei Hinweis auf zwei Gruppen der Himyaren.

[177] PSAS 5 (1975), S. 1ff.

[178] Von Wissmann – M. Höfner, Beiträge, S. 315.

[179] ANRW II. 9.1, S. 418; siehe auch Beeston, PSAS 11 (1981), S. 1ff.

[180] Siehe Kap. V. 3.

anderen Reiches und bekriegten sich häufig. Vielfach benutzten die Herrscher der beiden Reiche dieselbe Titulatur: „König von Saba und Du-Raydan“, wobei mit Du-Raydan die Burg in der himyarischen Hauptstadt Zafar gemeint war.[181]

Auch nach dem Verschwinden des Minäerreiches konnte Saba nicht die Nachfolge des minäischen Reiches auf dessen Teil der Weihrauchstraße antreten, da nach Auflösung der Minäerkolonie in Dedan die Nabatäer auf den Plan traten. Die Nabatäer errichteten in al-Hedjra (heute Madain Saleh, Saudi-Arabien) nördlich von Dedan eine Handelsstation. Da sich Nabatäer und Sabäer aber bald feindlich gegenüberstanden, begann die Weihrauchstraße an Wert zu verlieren.

Es sollte nun in dieser Periode eine außerarabische Macht in Südarabien erscheinen, die zumindest versuchen wollte, die dortigen Verhältnisse ein für allemal zu ihren Gunsten zu ändern. Gemeint sind die Römer.[182]

Ausgangslage war die Tatsache, daß unter Augustus das einstmals so mächtige Ägypten 30 v. Chr. dem römischen Imperium einverleibt wurde und Rom dadurch in den Besitz der ägyptischen Häfen am Roten Meer kam. Da der Landweg, die berühmte „Seidenstraße“, nach Indien und China ja immer von den Beziehungen zu den Parthern abhing, die ja oft schlecht genug waren, war es nur natürlich, daß die Römer ihr Interesse auf den Seeweg nach Indien richteten. Dabei gab es nur zwei Hindernisse: die Sabäer und die Himyaren. Erstere saßen am „Tor der Tränen“, dem „Bab al-Mandeb“, dem westlichsten Punkt Südarabiens, und die anderen waren im Besitz von Aden. Außerdem waren beide Reiche dem Partherreich freundlich gesonnen. Rom mußte also etwas unternehmen, um seinen Seeweg zu sichern. Der Weg, Saba und Himyar zu „befrieden“, war durch die „Weihrauchstraße“ beinahe zwangsläufig vorgeschrieben. Denn ein Angriff von der Küste des Roten Meeres her war durch die Gebirge und die Tatsache, daß Marib – die Hauptstadt Sabas – am Rande der Wüste lag, wesentlich schwieriger.

So wurde von Augustus unter Leitung von Aelius Gallus, Präfekt in

[181] Siehe von Wissmann, ANRW II 9.1, S. 436/37; Müller in Jemen-Katalog, s. S. 52, aber auch Beeston PSAS 5 (1975), S. 4ff.

[182] Siehe zu diesem Feldzug von Wissmann, ANRW II 9.1, S. 308ff.; dort finden sich zahlreiche weitere Literaturhinweise; zuletzt Chr. Marek in Chiron. Mitt. der Kommission E Alte Geschichte und Epigraphik des Deutschen Arch. Inst. 23 (1991), S. 121ff.

Ägypten, im Sommer 25 v. Chr. ein großes Heer ausgeschickt. Neben dem römischen Kontingent gehörten auch 1000 nabatäische Kamelreiter und 500 jüdische Bogenschützen zu dieser Armee. Der Nabatäer Syllaios, der als Kanzler für den damals noch unmündigen nabatäischen König Obodas III. die Regierungsgeschäfte führte, fungierte als Berater für diesen Feldzug. Strabo[183], der über diesen Feldzug berichtet, schildert ihn in den schwärzesten Farben, aber ob Syllaios für das Scheitern des Feldzuges verantwortlich war, kann nicht mit endgültiger Sicherheit beantwortet werden. Allerdings ist klar, daß es keinesfalls im Interesse der Nabatäer lag, daß die Römer den Weihrauchhandel in die Hand bekamen.

Der Feldzug begann mit der Einnahme der Grenzstadt zwischen dem Nabatäer- und Sabäerreich: Nadjran. Bald darauf wurde die alte Minäerstadt Yatill kampflos eingenommen. Anschließend zog das römische Heer weiter nach Marib. Die Stadt wurde sechs Tage lang vergeblich belagert, dann zogen die Belagerer ab; Krankheiten und/oder Wassermangel dürften wohl der Grund gewesen sein. Neun Tage später erreichte das römische Heer Nadjran und kurz danach das Gebiet des ehemaligen Nabatäerreiches. Obwohl die hier angegebene Zahl der Tage nicht sehr hoch klingt, nimmt man an, daß der Feldzug in Arabien von Leuke Kome nach Marib und zurück bis Hygra, vom Juni (oder Juli) des Jahres 25 v. Chr. bis ca. zum Februar des Jahres 24 v. Chr. dauerte.[184]

In der christlichen Ära hat dann eine neue Gruppierung der noch vorhandenen Staaten in Südarabien stattgefunden. Erst einmal wird der Reststaat Qataban von Hadramaut eliminiert. Wann genau, ist, wie schon erwähnt, umstritten.[185] Die überwiegende Meinung plädiert für die Zeit 100–200 n. Chr. Auch Saba selbst sollte in Bedrängnis kommen. Himyar verbündete sich mit Hadramaut gegen Saba; diese Auseinandersetzungen dürften schon bald nach Beginn der christlichen Ära (100 n. Chr.[186]) angefangen und dazu geführt haben, daß Himyar Saba Teile seines Territoriums entriß. In dieser Zeit errichteten

[183] Strabo, Geography XVI, IV, 24.

[184] Siehe W. Aly, Strabonis Geographica, Bd. 4 (1957), S. 165 ff., von Wissmann in ANRW II. 9.1, S. 313; es werden auch die Jahreszahlen 26/25 v. Chr. genannt, s. z. B. S. Jameson, Journal of Roman Studies 58 (1968), S. 71 ff., B. Bowersock, Roman Arabia (1983), S. 46.

[185] Siehe S. 52; für die Geschichte Südarabiens vom 1. Jh. n. Chr. bis zum Islam siehe W. W. Müller in Studies, S. 125 ff.

[186] So von Wissmann, S. 441.

die Himyaren im Hochland bei Zafar, das Plinius als Sapphar[187] bezeichnet, ihre Hauptstadt mit der Burg Raydan.

Wie schon erwähnt, führten die Herrscher von Saba und Himyar beide die gleiche Titulatur, „König von Saba und Du-Raydan", um so jeweils ihren Anspruch auf das Gebiet des Gegners klarzustellen. Darüber hinaus zerfiel das sabäische Reich in mehrere Dynastien bzw. Sippen. Einmal gab es die traditionelle Dynastie in Marib, daneben existierten aber vier weitere Dynastien im Hochland: die Hamdaniden um Nait (ca. 90 km nördlich von Sanaa bei Raida), die Banu Bata in Haz (30 km nordwestlich von Sanaa bei Schibam), die Marthad in Schibam Aqyan (35 km nordwestlich von Sanaa und Amran, heute Schibam) und schließlich die Gurat am Fuße des Jebel Kanin (ca. 50 km südlich von Sanaa in Richtung Ibb hinter dem Yislah-Paß).[188] Diese verschiedenen Dynastien des Hochlandes führten oft erbitterte Kriege um die Vorherrschaft gegeneinander, wobei sie sich teilweise auch mit anderen Reichen Südarabiens verbündeten.

Robin[189] sieht den Anfang der christlichen Ära als den Beginn der zweiten Periode der Geschichte Südarabiens. Der erste Abschnitt beginnt für ihn im 7. Jahrhundert v. Chr. und klingt aus mit dem Ende des 1. Jahrhunderts v. Chr. Dies war die Periode der „Königlichen Karawanenführer". Sie wurde beherrscht von den Stämmen, die an den Rändern der Wüste saßen und deren Hauptaktivitäten im Weihrauchhandel lagen.

Die zweite Periode, ab dem 1. Jahrhundert n. Chr., wird dagegen von den Stämmen des Hochlandes geprägt. Im Norden um Sanaa herum sind es die verschiedenen sabäischen Stämme, im Süden mit Zafar als Hauptstadt waren es die Himyaren, die diesen Abschnitt der Geschichte bestimmten. Nicht unerwähnt darf bleiben, daß Saba auch

[187] Natural History, VI, XXV, 104

[188] Siehe Müller a. a. O., S. 125; von Wissmann, Sammlung Eduard Glaser III, Zur Geschichte und Landeskunde von Alt-Südarabien, S. 43, 47, 75; J. Ryckmans, La Chronologie des Rois de Saba et Du-Raydan, Uitgaven van het Nederlands, Historisch-Archaeologisch Institut te Istanbul (XV) 1964.

[189] Siehe L'Arabie antique, S. 52 ff., ähnlich auch Bafaqih in L'Unification du Yémen antique, S. 1. Er geht allerdings von drei Perioden aus: «La haute période» (bis zum 1. Jh. v. Chr.), «Période intermédiaire» (beginnt mit dem Erscheinen der Himyaren und hat ihren Höhepunkt in der Vereinigung der Reiche von Saba und Himyar) und «La basse période» (Auftauchen ausländischer Mächte wie Persien und Äthiopien).

von arabischen Beduinen bedrängt wurde.[190] Im Laufe des 2. Jahrhunderts n. Chr. hatte die traditionelle Dynastie in Marib ausgespielt. Jetzt stand ab dem letzten Viertel des 2. Jahrhunderts ʿAlhan Nahfan, aus der Dynastie der Hamdaniden, an der Spitze des sabäischen Reiches. Dennoch behielt Marib seine Bedeutung als religiöses Zentrum.[191]

ʿAlhan Nahfan verbündete sich mit Gadurat, dem König der Abessinier, die die Tihama am Roten Meer kontrollierten (um 200).[192] Sein Sohn Schaʿirum Autar dagegen bekämpfte wiederum die Abessinier. Ihm gelang es auch um 217–218 in der Schlacht von Schuwa'rân das hadramitische Heer zu besiegen und dessen König gefangenzunehmen. Anschließend wurde Schabwat geplündert. Ein weiterer Feldzug führte ihn nach Zentralarabien in das Reich der Kinda mit der Hauptstadt Qaryat Dat Kahilim (heute Qaryat al-Fau, Saudi-Arabien, ca. 280 km nordöstlich von Nadjran).

Die Hamdaniden mußten bald ihre Macht an die Dynastie von Gurat abgeben, denn wir wissen aus Inschriften, daß zwei ihrer Herrscher, nämlich Ilscharah Yahdib und Ya'zil Bayyin, zusammen Saba regierten und sogar die Himyariten in einer Schlacht um 248/49 besiegen konnten. Die verhältnismäßig guten Kenntnisse über diesen Teil der südarabischen Geschichte verdanken wir vor allem den Inschriftenfunden der Amerikaner aus Marib[193] und denen von Mi'sâl[194] (150 km südöstlich von Sanaa, halbwegs zwischen Rada und al-Baydâ).

Ab Mitte der zweiten Hälfte des 3. Jahrhunderts[195] existierten dann nur noch zwei Reiche: Das sabäo-himyarische, wobei die Himyaren tonangebend gewesen sein dürften – etwa zwischen 270–280 hatten sie sich endgültig gegen Saba durchgesetzt[196] –, und das Reich von Hadra-

[190] Siehe von Wissmann, ANRW II. 9.1, S. 438 und vor allem Robin in L'Arabie antique, S. 71 ff. [S. 78 ff.].

[191] Siehe Müller in Studies, S. 126.

[192] Siehe dazu C. Robin, Proceedings of the 8th Intern. Conf. of Ethiopian Studies 2 (1989), S. 147 ff.

[193] Publiziert von A. Jamme, Sabaen Inscriptions from Mahram Bilqis (Marib), Publications of the American Foundation for the Study of Man 3, (1962); in den einschlägigen Publikationen als ›Jamme 550–850‹ zitiert.

[194] Siehe Robin, CRAI 1981, S. 319 ff.

[195] So Müller in Jemen-Katalog, S. 53; von Wissmann, ANRW II. 9.1, S. 444: um 270.

[196] Robin, CRAI 1981, S. 337; Müller in Jemen-Katalog, S. 53, Bafaqih, L'Unification du Yémen antique, S. 136: 281.

maut. Ende des 3. Jahrhunderts[197] eroberte dann der Himyarenherrscher Schammar Yuhar'isch den Hadramaut. Von nun an führten die Könige der Himyar den Titel „Könige von Saba und Du-Raydan und Hadramaut und Yamanat". Die genaue Bedeutung des Wortes Yamanat ist nicht bekannt. Vielleicht bezeichnete es das Gebiet, welches früher zu Ausan und Qataban gehörte,[198] vielleicht aber war damit auch das Küstenland südlich von Hadramaut gemeint.[199] Schabwat (das heutige Schabwa), die berühmte Hauptstadt Hadramauts, wurde zerstört und verschwindet aus der Geschichte. Die neue Hauptstadt wurde Schibam mitten im Wadi Hadramaut. Von Wissmann ist der Ansicht, daß der sabäo-himyarische Herrscher selbst diesen Ort gewählt und den Großteil der Bevölkerung von Schabwat dorthin zwangsumgesiedelt habe.[200] Er weist ferner darauf hin, daß die Zerstörung und Verödung der großen Oase von Schabwat sicherlich nicht ohne Folgen geblieben sei. Damit sei nämlich ein wichtiger Teil des Siedlungsgebietes von Südarabien in Wüste verwandelt worden. Während vorher die Entfernung zwischen den Oasen Marib und Schabwat nur etwa 140 km betrug, sei jetzt eine große Lücke von 300 km zwischen Hadramaut und dem übrigen Jemen entstanden. Eine Lücke, durch die Einwanderungen oder kriegerische Einfälle ohne große Schwierigkeiten stattfinden konnten.

Als Hinweis auf die „internationale" Bedeutung des sabäo-himyarischen Reiches sei erwähnt, daß der Himyarenherrscher Schammar Yuhar'isch seinen Gouverneur in Sada als Botschafter an den Hof der Sasaniden in Seleukia – Ktesiphon schickte. Nach Müller geschah dies vor 297.[201]

Anfang des 4. Jahrhunderts konnte sich dann Hadramaut für kurze Zeit nochmals von der sabäo-himyarischen Oberherrschaft befreien, wurde aber im zweiten Jahrzehnt des 4. Jahrhunderts[202] endgültig zurückerobert.

In der zweiten Hälfte des 4. Jahrhunderts berichtete eine Inschrift

[197] Müller, S. 127: im vorletzten oder letzten Jahrzehnt des 3. Jh.; von Wissmann, S. 444: um 300.

[198] So Müller a. a. O.

[199] So von Wissmann in v. Wissmann – Höfner, Beiträge, S. 334, Anm. 5; dort verweist er auf J. Ryckmans, der Yamanat für den Westen des Jemen hält.

[200] In Beiträge, S. 335/6.

[201] Siehe Neue Ephemeris für semitische Epigraphik 2 (1974), S. 156ff.

[202] So Müller in Jemen-Katalog, S. 53, siehe auch Müller in Al-Hudud. Festschrift Maria Höfner (1981), S. 225ff. [248ff.].

(Ja 671) vom ersten Bruch des Dammes von Marib.[203] In diese Zeit fällt auch das Ende des Polytheismus im sabäo-himyarischen Reich. Der Hauptgott Almaqah und die anderen Gottheiten wurden durch Rahmanan, „der Barmherzige", ersetzt, der als „Herrscher des Himmels" bezeichnet wurde. Welche „Färbung" dieser Monotheismus allerdings besaß, christlich oder jüdisch, ist dabei unklar.[204]Aus dieser Zeit stammen auch die uns bekannten letzten Inschriften im Awamtempel in Marib, die Almaqah gewidmet waren. War der Dammbruch schon ein schwerer Schlag für die Bewohner der Oase von Marib, so sollte es bald danach für das ganze sabäo-himyarischen Reich einen Rückschlag geben. Die ehemalige Kolonie Sabas, Abessinien, war inzwischen selbst ein mächtiges Reich geworden. Zu Beginn der christlichen Ära war hier das Reich von Aksum entstanden, so benannt nach der Hauptstadt Aksum im nördlichen abessinischen Bergland. Um seine Erforschung haben sich im übrigen auch mehrere deutsche Expeditionen verdient gemacht. Der erste König, über den wir etwas Genaueres wissen, ist Ezana, der zum Christentum bekehrt wurde. Zeitlich gesehen dürfte dieser Herrscher in die erste Hälfte des 4. Jahrhunderts gehören.[205] In seinem Titel nennt er Himyar und Du-Raydan, Saba und Salhin (Königsburg in Marib) sowie die Tihama. Hadramaut und Yamnat dagegen werden nicht erwähnt. Ob dieses bedeutet, daß Ezana einen großen Teil Südarabiens erobert hatte und nur die östlicher gelegenen Gebiete von Hadramaut und Yamnat unabhängig geblieben waren, ist durchaus möglich, durch Inschriften aber nicht nachweisbar.

Um die Mitte des 4. Jahrhunderts[206] schickte der römische Kaiser Konstantin II. (337–361) eine Gesandtschaft unter Theophilos, einem

[203] So Müller a. a. O.: ebenso Robin in L'Arabie antique, S. 66. Von Wissmann dagegen ist einmal der Ansicht (Sammlung Eduard Glaser III: Zur Geschichte und Landeskunde von Alt-Südarabien, S. 204, Anm. 461), daß dieser Dammbruch den bisher bekannten drei Dammbrüchen vorausging; an anderer Stelle (Himyar, Le Muséon 77 [1964], S, 491) meint er, daß die Inschrift Ja 671 den zweiten uns bekannten Dammbruch schildert.

[204] Siehe Robin, L'Arabie antique, S. 144ff. Noch in L'Arabie du Sud, Histoire et civilisation I (1984), S. 214 war er davon ausgegangen, daß Malikarib Yuha'min zum Judentum konvertiert sei; zu dem Aufkommen des Monotheismus siehe Beeston in Studies in the History of Arabia, vol. II, S. 149ff.

[205] Siehe zur Datierung Ezanas jetzt H. Brakmann, Die Einwurzelung der Kirche im spätantiken Reich von Aksum (1994), S. 67ff.

[206] Nach J. Ryckmans L'Institution Monarchique, S. 214: zwischen 341–346, Müller, Reallexikon XV (1991), S. 307: um 340/42.

arianischen Bischof, nach Zafar, die den dortigen himyarischen Herrscher, dessen Namen wir nicht kennen,[207] zum Christentum bekehrte. Dieser ordnete an, daß auf seine Kosten in Zafar, in Aden und weiter östlich in einer namentlich nicht genannten Stadt am Persisch-Arabischen Golf – wahrscheinlich Hormuz[208] – je eine christliche Kirche erbaut werden sollte.

Das sabäo-himyarische Reich erlebte dann unter Abukarib As'ad, der im ersten Drittel des 5. Jahrhunderts regierte,[209] nochmals einen Höhepunkt. Noch heute gilt er in der arabischen Überlieferung als der größte Herrscher des alten Südarabiens.[210] Er konnte das Reich bis nach Zentralarabien ausdehnen, und es heißt, daß er sogar bis nach Yatrib (Medina) gekommen und dort zum Judentum bekehrt worden sei. Wenngleich die Inschriften bezeugen, daß es viele Juden auch in der Umgebung des Königs gegeben hat, gibt es keinen sicheren Beweis dafür.[211] Die Titulatur dieses Herrschers lautete: „König von Saba und Du-Raydan und Hadramaut und Yamanat und ihrer (pluralis majestatis) Araber im Hochland und des Tieflandes (Tihama)". Von Wissmann[212] vermutet, daß mit den Arabern im Hochland und im Tiefland wahrscheinlich die Beduinen Zentralarabiens und der Küstengebiete des Hejaz gemeint seien, denn die Südaraber nannten sich selbst ja nicht Araber.[213] Dies bedeutete die offizielle Anerkennung des arabisch-beduinischen Elements. Die Beduinen waren im großen Bogen der Sayhad-Wüste und der Rub al-Chali im Osten und Norden Anrainer der Bauernbevölkerung des sabäo-himyarischen Großstaates geworden und erscheinen in diesen einbezogen.[214] Robin[215] spricht von einer Vermischung der großen Anzahl von arabischen Stämmen mit den traditionellen südarabischen Stämmen, von einem „Etat binational".

Ein erstes Anzeichen für das Ende der alt-südarabischen Zivilisation

[207] J. Ryckmans, L'Institution Monarchique, S. 215, glaubt, daß es sich um Malikarib Yuha'min handelt.

[208] So Müller, Reallexikon, S. 307.

[209] So Müller, Jemen-Katalog, S. 53.

[210] Siehe Müller, Jemen-Report, Nr. 5–9 (1974), S. 2.

[211] Siehe dazu Robin, L'Arabie antique, S. 144 ff., weiter Beeston in Studies, S. 151.

[212] Siehe Beiträge, S. 338, Anm. 4.

[213] Siehe dazu Robin, L'Arabie antique, S. 71 ff.

[214] So Müller in Jemen-Katalog, S. 53/4; siehe auch von Wissmann, Artikel ›BADW‹ in EI, vol. I (1959), S. 880 ff.

[215] L'Arabie antique, S. 81.

war dann der erneute Bruch des Dammes von Marib im Jahre 450.[216] Schon ein Jahr zuvor mußten große Teile des Dammes repariert werden, wie wir aus einer Inschrift wissen. Bei der teilweisen Zerstörung des Dammes im Jahre 450 wurden laut Inschrift 20 000 Mann für die Reparaturarbeiten eingesetzt. Diese Ereignisse fallen schon in die Regierungszeit Schurahbi'il Ya'fur, des Sohnes des großen Abukarib As'ad. Wie durch eine Inschrift belegt, errichtete er in Zafar einen großen Palast.

Die arabisch-islamische Tradition kennt für die nachfolgende Zeit auch einen Herrscher namens Abdkulal, der sich angeblich dem Christentum zugewendet hatte. Inschriftlich ist er aber nicht belegt.[217]

In die Hälfte des 5. Jahrhunderts gehört auch eine äthiopische Quelle, die sogenannten Märtyrerakten des Azqir, die bezeugen, daß in Nadjran eine große christliche Gemeinde existierte.[218]

Das 6. Jahrhundert ist durch mehrere Inschriften recht gut belegt. Für das Jahr 516 erfahren wir, daß der König Ma'dikarib Ya'fur einen Feldzug nach Zentralarabien unternahm, um dort rebellische Beduinen zu bekämpfen. Kurz nach seinem Amtsantritt begann der jüdische „König aller Stämme"[219] Yusuf As'sr Yat'ar (der Du-Nuwas der arabischen Überlieferung) im Jahre 517 gegen die im Lande befindlichen Abessinier und gegen die Christen allgemein vorzugehen.[220] Nach Müller ist das Motiv für die Verfolgung nicht nur rein religiös gewesen, sondern es spielten auch politische Gründe eine wichtige Rolle. Für viele Einheimische galten die südarabischen Könige dieser Zeit als Kreaturen des Hofes von Aksum. Man muß dabei berücksichtigen, daß schon Anfang des 6. Jahrhunderts auf Bitten des christlichen Bischofs Thomas abessinische Truppen ins Land gekommen waren, um die Christen zu schützen, so daß die Souveränität der einheimischen Herrscher eingeschränkt war.[221] Auf diese Stimmung im Lande mußte der einheimische Herrscher Rücksicht nehmen, und es galt, die Ausdehnung des Einflusses von Byzanz im Roten Meer einzudämmen, denn Byzanz unterstützte das Reich von Aksum.

[216] So Müller in Jemen-Katalog, S. 54; ebenso U. Brunner, ABADY II (1983), S. 113; Robin, S. 66 gibt das Datum: 456.

[217] Müller, Reallexikon XV, Sp. 308/9.

[218] Siehe Müller, Reallexikon, Sp. 311, Jemen-Katalog, S. 54

[219] Siehe Inschrift Jamme 1028.

[220] Siehe zu diesen Ereignissen: Brakmann, Die Einwurzelung der Kirche im spätantiken Reich von Aksum, S. 85 ff.; Müller, Reallexikon, Sp. 313 ff.

[221] Siehe dazu Brakman, S. 85 ff., Müller, Sp. 312/3.

Die Verfolgung begann mit der Eroberung Zafars und der Tötung der dort lebenden Abessinier; Kirchen und Festungen im Lande wurden zerstört und die Küstenebene zurückerobert. 518 oder 523[222] wurde nach langer Belagerung Nadjran eingenommen und dessen christliche Bewohner getötet. Der Gegenschlag der Abessinier ließ auf sich warten. Erst 525 war es soweit. Der aksumitische Herrscher Ella Asbeha, der den biblischen Namen Kaleb trug, leitete die Operation selbst, wobei er auf byzantinische Unterstützung, vor allem auf Schiffe, zurückgreifen konnte.[223] Das einheimische Heer wurde geschlagen, Yusuf kam dabei um, und der Jemen wurde aksumitisches Protektorat. Kaleb verewigte sich mit Siegelinschriften in Marib und Zafar, ließ Kirchen bauen und setzte einen einheimischen Fürsten Simyafa 'Aschwa aus der Dynastie der Yaz'aniden als Vasallenherrscher ein. Um das Amt übernehmen zu können, trat dieser vom Judentum zum Christentum über. Im Jahre 530/31[224] revoltierte ein gewisser Abreha, der als Soldat im aksumitischen Heer gedient hatte, und übernahm die Macht. Er gehörte wohl zu jenen aksumitischen Truppen, die auch nach dem Sieg Kalebs und dessen Rückkehr nach Aksum noch im Jemen verblieben waren. Kaleb versuchte in zwei vergeblichen Feldzügen die Herrschaft zurückzugewinnen. Nach Müller[225] war Abreha noch im Jahre 542 als Vizekönig oder Gouverneur Kalebs tätig und führte inschriftlich erst seit 547 den Königstitel. Kurz zuvor im Jahre 542[226] war der Damm von Marib erneut gebrochen und konnte nur unter Einsatz von vielen Arbeitern und großem Materialaufwand repariert werden.

Das Jahr 554 liefert uns die letzte himyarische Inschrift (CIH 325). Die folgenden Jahrzehnte kündigten das unaufhaltsame Ende des alten Südarabiens an. Das beduinische Element machte sich immer stärker bemerkbar. Die Dynastie der Kinda in Zentralarabien wurde von dort anscheinend vertrieben und setzte sich in ihrer ursprüng-

[222] Siehe zu diesen Daten Brakmann, S. 86, Anm. 443; Müller, Sp. 314; F. de Blois, AAE 1 (1990), S. 110ff., Robin, L'Arabie antique, S. 150ff.

[223] Siehe zu diesem Feldzug B. Rubin, Das Zeitalter Justinians 1. (1980), S. 312ff.

[224] Dieses Datum gibt Brakmann S. 93, Müller, Reallexikon, Sp. 318: Die Herrschaft Simyafas scheint weniger als ein Jahrzehnt gedauert zu haben.

[225] Er bezieht sich dabei auf eine Inschrift (CIH 541), s. Jemen-Katalog, S. 55; Robin PSAS 18 (1988), S. 96 datiert diese Inschrift „März 544 oder 549".

[226] So Müller in Jemen-Katalog, S. 55.

lichen Heimat, dem Hadramaut, fest. Wann diese Rückwanderung stattgefunden hat, ist nicht genau zu sagen. Von Wissmann[227] plädiert für die erste Hälfte des 6. Jahrhunderts, Robin[228] für das 7. Jahrhundert. Die „Lücke", die durch die Zerstörung Schabwats und dem Verschwinden des Reiches von Hadramaut entstanden war, hat sicherlich das Eindringen der Kindas begünstigt.

Abreha unternahm noch zwei Feldzüge, von denen wir wissen. Einmal zog er im Jahre 547, wie inschriftlich belegt ist, gegen den Stamm der Ma'add in Zentralarabien. Der zweite Kriegszug war wesentlich spektakulärer. Er fand etwa um 570 oder etwas früher[229] statt, also am Ende der Regierungszeit Abrehas, und richtete sich gegen Mekka, das allerdings nicht erreicht wurde. Das Unternehmen war für die Araber so „spektakulär", weil Abreha in seinem Heer einen Elefanten[230] mitführte, weshalb im Koran von den „Leuten des Elefanten" gesprochen wird. Das Jahr 570, das „Elefantenjahr", würde natürlich „bedeutender" sein, da nach islamischer Tradition in diesem Jahr Muhammed geboren wurde.

Über die religiösen Verhältnisse zur Zeit Abrehas und dessen persönliche Einstellung zur Religion sind wir verhältnismäßig gut informiert. Danach hatte das Christentum wieder erheblich an Boden gewonnen. Anfangs war der auch in Abessinien verbreitete Monophysitismus vorherrschend, später erlangte die im byzantinischen Reich richtungweisende Form des Chalzedonense[231] die Oberhand. Müller[232] hält es für möglich, daß unter Abreha in Südarabien zwei kirchliche Hierarchien bestanden, nämlich eine chalzedonensische in Zafar und eine der Gegner Chalzedons in Nadjran. Abreha ließ u.a. eine große Kathedrale in Sanaa errichten.

Nachdem Abreha etwa um 570 gestorben war, wurde ein gewisser Sayf ibn Dhi Yazan sein Nachfolger. Irgendwann zwischen 575 und

[227] Siehe Beiträge, S. 339.

[228] In L'Arabie antique, S. 81.

[229] Müller in Studies, S. 131: 570; in Reallexikon, Sp. 322: zu Anfang des 6. Jahrzehnts des 6. Jh.

[230] So Müller in Jemen-Katalog, S. 55; H.L. Gottschalk, Zeitschrift ›Bustan‹, Heft 4 (1962), S. 3 spricht von 13 Elefanten.

[231] Auf dem Konzil von Chalkedon im Jahre 451 wurde das Dogma von den zwei vollkommenen, untrennbaren, aber auch unvermengbaren Naturen Christi verkündet.

[232] In Reallexikon, Sp. 319; Müller gibt im übrigen dort eine umfassende Darstellung des Christentums in Südarabien sowie eine ausführliche Bibliographie.

580[233] muß dann der Damm wiederum gebrochen sein. Es war das Ende eines „Weltwunders". Auch im Koran (Sure 34, 15–17) hat dieses Ende seinen Niederschlag gefunden, wo von der Verödung der Oasen von Marib berichtet wird. Ein Großteil der Bevölkerung wanderte aus. Über die Beweggründe dafür gibt es in der Forschung verschiedene Erklärungen: verringerte Niederschläge, ökonomische Motive und Veränderung der politischen Verhältnisse dahingehend, daß die entscheidenden Machtzentren nunmehr im Hochland lagen, und Marib mehr und mehr an Bedeutung verlor.[234] Meines Erachtens haben mehrere der angeführten Gründe zur Auswanderung beigetragen. Zwischen 570 und 575[235] wurden dann perserfreundliche Kreise in Südarabien bei den persischen Sasaniden vorstellig und baten um Hilfe gegen die Abessinier. Diese wurde ihnen auch gewährt, aber vielleicht doch in einer Weise, wie es sich die Einheimischen nicht vorgestellt hatten. Die Abessinier wurden zwar von den Sasaniden, die durch die einheimische Bevölkerung Unterstützung fanden, verjagt. Südarabien wurde danach aber persischer Vasall und 597/8 als Provinz des Sasanidenreiches von einem persischen Gouverneur regiert.

Im Jahre 630 eroberte Mohammed Mekka. Kurz zuvor, 628, hatten die Sasaniden eine entscheidende Niederlage im Kampf gegen Byzanz erlitten. Ihr Großkönig Chosroe II. wurde anschließend ermordet. Der persische Satrap im Jemen, er war der fünfte persische Statthalter namens Badhan, trat daraufhin zum Islam über. Ob sich daneben auch die Einwohner Südarabiens zum Islam bekannten, ist nicht überliefert. Es ist aber anzunehmen, daß nicht sehr viele konvertierten.[236]

Überwiegend dürften die Beziehungen zu Medina von den Einheimischen mehr von der politischen Seite gesehen worden sein.[237] Dazu paßt auch, daß der Vertreter Medinas in Sanaa ein Finanzbeamter namens al-Muhadjir Abu Umaiya ibn al-Mughira war. Das wichtigste Problem scheint die Erhebung der Armen- und Grundsteuer gewesen

[233] R. Bowen in Archaeological Discoveries in South Arabia (1958), S. 76 nennt das Jahr 575, das er als „etwa innerhalb einer Generation" genau bezeichnet. Brunner (ABADY II [1983], S. 118) aufgrund seiner geomorphologischen Untersuchungen „ungefähr um 580". Müller in Jemen-Katalog, S. 56: Beginn des 7. Jh.

[234] Siehe dazu Brunner, S. 119.

[235] So Müller in Jemen-Katalog, S. 55.

[236] Siehe dazu G. R. Smith, PSAS 20 (1990), S. 134/5.

[237] Zu dieser Endphase der Geschichte des antiken Südarabien siehe H. L. Gottschalk in der Zeitschrift ›Bustan‹, Heft 4 (1962), S. 2ff.

zu sein. Der jemenitische Adel war aber mit der neuen Situation nicht zufrieden. Ein Gegenprophet, al-Aswad al'Ansi, führte den Aufstand an, der im Jahre 632 ausbrach. Zeitweise waren die Aufständischen gegen al-Muhadjir und seine Leute, die von den Nachkommen der persischen Soldaten, den „Abna", unterstützt wurden, siegreich. Am Ende aber behielt Medina die Oberhand, und al-Muhadjir wurde der erste Gouverneur der Provinz al-Yaman im muslimischen Reich.

5. Bilanz

Versucht man eine Bilanz der alt-südarabischen Zivilisation zu ziehen, so ist als erstes festzuhalten, daß sie, soweit sie historisch faßbar ist, mindestens 1400 Jahre existierte (ca. 800 v. Chr.–600 n. Chr.). Ihre „Lebensdauer" übertrifft also an Länge die anderer altorientalischen Reiche. Allerdings hatten die verschiedenen Reiche, aus der diese Zivilisation bestand, nicht alle eine so lange Lebensdauer; abgesehen vielleicht von dem sabäischen Reich. Mit dem Ende der alt-südarabischen Kultur begann auch in diesem Teil des Orients eine neue Epoche, eine neue Zeitrechnung. Die altorientalische Geschichte insgesamt war beendet. Dennoch wird man durch Ruinen und Inschriften im heutigen Jemen immer wieder an die glorreiche Vergangenheit Südarabiens erinnert. Das beste Beispiel dafür liefert der neue Staudamm bei Marib, nicht weit entfernt von dem alten Bau. Bei seiner Eröffnung 1986 wurde eine Stele aufgestellt, in der die historische Kontinuität zwischen beiden Bauten betont wurde. Der Text ist einmal in arabisch und dann auch in sabäisch abgefaßt. Robin[238] hat weiter darauf hingewiesen, daß sich die alte südarabische Schrift auch auf den Diplomen der Universität in Sanaa und auf Zigarettenpackungen befindet.

Die 1400 Jahre, in denen das antike Südarabien existierte, war zweifelslos mit einer der Höhepunkte der altorientalischen Kultur. Man denke nur an die Architektur, die vor allem Stein als Baumaterial verwendete, nachdem vorher fast nur Ziegel benutzt wurden. Ihre besten Beispiele dokumentieren sich in den Tempeln, Stadtmauern und nicht zuletzt in den Bewässerungsanlagen, vor allem in Marib, die im gesamten Alten Orient einmalig waren. Schließlich ist der großartig organisierte Handel auf der berühmten Weihrauchstraße auch eine weitere beachtliche Leistung.

[238] Siehe L'Arabie antique, S. 69.

Wenn man weiter bedenkt, daß die archäologische Erforschung im Vergleich zu den anderen Gebieten des Alten Orients noch in den Anfängen steckt, ist sicherlich noch manche positive Überraschung zu erwarten, die den schon jetzt großartigen Eindruck, den die alt-südarabische Zivilisation dem Betrachter vermittelt, noch verstärken wird.

Es erhebt sich unweigerlich die Frage, die auch für andere Kulturen immer wieder zu stellen ist: Wie konnte diese Kultur untergehen, was ist die Ursache dafür? Als erstes ist festzustellen, daß sicherlich mehrere Gründe dafür verantwortlich sind. Das Aufkommen des Islam und die Eingliederung des Jemen in das muslimische Reich war sicherlich der zeitliche Endpunkt, aber wirklich entscheidend war dieses Ereignis nicht mehr. Der Untergang des antiken Südarabiens hatte schon längst vorher begonnen.

Meiner Meinung nach ist die aksumitische Eroberung des Südjemen um 525 n.Chr. der zeitliche Beginn des Endes. Danach trugen dann weitere Gründe bzw. Ereignisse zum endgültigen Untergang bei. Selbstverständlich ist nicht außer acht zu lassen, daß es schon vor 525 Geschehnisse gegeben hat, die nicht gerade zur Stärkung der Macht Südarabiens beigetragen haben. So z.B. die Kämpfe der einzelnen Staaten untereinander, der Rückgang des Überlandtransportes von Weihrauch zugunsten des Transportes zur See, nachdem man den Rhythmus der Monsunwinde entdeckt hatte.[239] Auch eventuelle Klimaänderungen[240] sind nicht auszuschließen. Schließlich ist das Eindringen beduinischer Stämme ab etwa dem 3. Jahrhundert n.Chr., und somit eine gewisse „Arabisierung“, sicherlich auch ein Grund für den Niedergang gewesen.[241] Das Ende Maribs durch den Dammbruch war schließlich nur noch ein symbolischer Schlußpunkt.

239 Der Entdecker der „regelmäßigen Winde“ (= Monsunwinde) soll ein Grieche namens Hippalos gewesen sein, der Anfang des 1. Jh. n.Chr. datiert wird, so H. Preidler in Der kleine Pauly 2 (1967), Sp. 1153. In dieses Jahrhundert gehört auch das berühmte Seefahrerhandbuch ›Periplus Maris Erythraei‹, das die Wichtigkeit des Seeverkehrs zeigt.

240 So Robin in J. Chelhod, L'Arabie du Sud, tome 1, S. 220ff., ebenso J. Dayton, PSAS 5 (1975), S. 52ff. [58]. R.L. Raikes und auch U. Brunner lehnen diese Annahme ab, s. ABADY II (1983), S. 119.

241 Siehe dazu Robin in L'Arabie antique, S. 71ff.; zu den Gründen allgemein s. auch Müller, Jemen-Katalog, S. 55.

VI. DER AUFBAU, DIE SOZIALEN STRUKTUREN IM ALTEN SÜDARABIEN

Nachfolgend soll versucht werden, anhand der vorhandenen archäologischen Funde und der Inschriften einen Überblick über die gesellschaftlichen Strukturen in diesem Gebiet zu geben. Dabei müssen meines Erachtens mindestens zwei Phasen bzw. Entwicklungen unterschieden werden. Einmal handelt es sich um den Zustand in der Zeit etwa vor dem 8. Jahrhundert v. Chr., also einem großen Teil des 2. Jahrtausends: die Bronzezeit. Die zweite Phase wäre dann die „Mukarrib-Zeit" ab etwa dem 8. Jahrhundert, denn jetzt taucht in den Inschriften dieser Titel auf. Erwähnt sei, daß es aber auch Forscher gibt, wie z. B. K. A. Kitchen[1], die diese Periode schon um 1200 v. Chr. beginnen lassen. Robin[2] drückt sich etwas vorsichtiger aus, indem er den Beginn der „Südarabischen Zivilisation" zwischen dem 13. und 10. Jahrhundert v. Chr. ansetzt. Er spricht dabei für diese Periode nicht von Mukarriben. Da die meisten Vertreter der „Langen Chronologie" die ältesten Inschriften nicht vor dem 8. Jahrhundert ansetzen, kann man nur feststellen, daß dieser Titel „Mukarrib" inschriftlich erst seit dieser Zeit belegt ist. Dies schließt natürlich nicht aus, daß es auch schon vorher Mukarribe gegeben hat, doch fehlt dafür zur Zeit der Beweis.

Ob eine weitergehende Periodisierung zweckmäßig ist, ist Ansichtssache. Man könnte eventuell die Ablösung des Titels „Mukarrib" durch die Bezeichnung „König" (Malik) als einen weiteren Abschnitt ansehen. Aber wann war das? Nach von Wissmann[3] um 525 v. Chr., nach Robin[4] findet sich die Bezeichnung „Mukarrib" vom 3. Jahrhundert an nicht mehr in Saba, wohl aber dann in Qataban und danach im Hadramaut. Außerdem tragen manche Herrscher auch beide Titel.[5]

Robin[6] nimmt, wie schon erwähnt, eine andere Einteilung vor. Vom

[1] Siehe Documentation for Ancient Arabia, Part 1 (1994), S. 132, 242.

[2] Siehe L'Arabie antique, S. 51.

[3] ANRW II. 9. 1, S. 355.

[4] Jemen-Katalog S. 77; Kitchen, S. 103: 365–350.

[5] Siehe Kitchen, S. 80, Beeston PSAS 7 (1977), S. 6; Pirenne, Paléographie S. 191.

[6] Siehe L'Arabie antique, S. 52.

8. Jahrhundert v. Chr. bis zum Ende des 1. Jahrhunderts v. Chr. waren es die königlichen Karawanenführer, die den Ton angaben. Sie gehörten zu den Stämmen am Rande der Wüste. Ihre wichtigste Aktivität war der Weihrauchhandel.

Die zweite Periode vom 1. Jahrhundert n. Chr. bis zum 6. Jahrhundert wurde bestimmt durch die Stämme des Hochlandes («Hautes-Terres»): einmal die Stämme um Sanaa herum und dann die Stammeskonföderation Dhu Raydan oder Himyar mit Zafar als Hauptstadt. Diese Einteilung erscheint von der historischen Seite begründeter und faßbarer als eine Periodisierung nach Mukarriben und Königen. Allerdings würde der Verfasser diese letzte Periode schon Ende des 2. Jahrhunderts v. Chr. mit dem Beginn der himyarischen Ära um 115. v. Chr. anfangen lassen. In dieser Zeit findet eine entscheidende Machtverschiebung[7] statt. Das Reich von Main wird, ebenso wie Teile Qatabans, von Saba erobert und darüber hinaus machen sich, wie erwähnt, die Konföderation Dhu-Raydan bzw. die Himyaren innerhalb Qatabans selbständig.

1. Die Bronzezeit

Die Grabungen der Italiener im Gebiet von Chaulan at-Tiyal (ca. 40–50 km südöstlich von Sanaa[8]) haben uns einen Einblick in die Lebensweise und Organisation dieser Kultur gegeben, die etwa in die Zeit 2700–2000 v. Chr. bzw. 2900–1800 zu datieren ist. Allerdings weist der Ausgräber de Maigret darauf hin, daß wir nur einen flüchtigen Einblick ("glimpse") gewonnen haben und es noch zahlreicher weiterer Untersuchungen bedarf.

Wir haben es mit einer seßhaften Bevölkerung zu tun, die von Landwirtschaft und Viehzucht lebte. Der Nachweis von Lasttieren könnte ein möglicher Beweis für den Transport von Gütern sein. Besonders das Vorhandensein von Obsidian, der aus Quellen jenseits der heutigen Grenzen des Jemen stammt, deutet auf Handel über größere Entfernungen hin.

Es sind zwei Arten von Siedlungstypen zu erkennen, kleinere Siedlungen von weniger als 1000 m² und größere mit über 10000 m². Die letzteren liegen in erheblichem und gleichem Abstand voneinander im Tal. Die kleineren Siedlungen, die dazwischen liegen, deuten auf eine Gesellschaft hin, die in getrennten Familiengruppen existierte. Die

[7] Siehe Müller, Jemen-Katalog, S. 51; s. S. 61.

[8] Siehe S. 31, Anm. 21, vor allem Reports and Memoirs XXIV.

Wohn-Insulae bestanden aus 3–4 Häusern, die um einen zentralen Gemeinschaftsplatz zentriert waren, wo die Ausgräber Spuren von Feuer- und Kochstellen sowie Mahlsteinen fanden. Der größere Siedlungstyp weist, nach de Maigret, auf ein höheres Niveau der sozialen Organisation hin: der Übergang vom reinen Bauerndorf zu einem echten Zentrum. An einem Fundplatz innerhalb des untersuchten Gebietes glauben die Ausgräber anhand der Architektur in einem Raum eine Art Versammlungshalle erkennen zu können. Die Existenz von Formen einer gewissen religiösen Praxis zeigt der Fund eines Phallusidols, das auf einen Fruchtbarkeitskult hindeuten könnte. Das Besondere an dieser bronzezeitlichen Kultur aber ist nach de Maigret die Wahl der geographischen Lage der Siedlungsplätze. Sie zeigt, daß diese Menschen schon ein beträchtliches hydrologisches "know-how" besaßen. Sie wählten ein Gebiet, dessen besondere geologischen, pedologischen und sedimentären Bedingungen eine ausreichende und bequeme Wasserversorgung garantierten. Diese Ansicht wird auch durch die deutschen Untersuchungen in der Oase von Marib untermauert. Dort reicht der Beginn der Bewässerungszeit ins späte 3. Jahrtausend v. Chr. zurück.

An verschiedenen Plätzen konnte weiter die Existenz individueller Werkstätten für die Bearbeitung von Feuerstein und Obsidian nachgewiesen werden. Ebenso existierte eine Keramikindustrie. Obwohl gewisse Ähnlichkeiten in Architektur, Steinbearbeitung und Keramikherstellung mit anderen Kulturen des Alten Orients bestehen, betont de Maigret ausdrücklich den autochthonen Charakter dieser bronzezeitlichen Kultur im Jemen. Er weist ferner darauf hin, daß die Franzosen nördlich des Wadi al-Dschauf ebenfalls bronzezeitliche Siedlungen entdeckt hätten.

De Maigret glaubt anhand von Keramik aus anderen Fundplätzen, die in die zweite Hälfte des 2. Jahrtausends v. Chr. gehören, daß diese bronzezeitliche Kultur des Nordjemens das gesamte 2. Jahrtausend v. Chr. umfaßte. Auf jeden Fall zeigen die Funde im Gebiet von Chaulan at-Tiyal, daß wir es hier mit einer Kultur zu tun haben, die den Übergang von einer einfachen Familienwirtschaft zu einer mehr komplexen Form mit den verschiedensten Aktivitäten vollzogen hat.

Die Siedlungen im Gebiet von Chaulan at-Tiyal sind nach de Maigret etwa zwischen 2000 und 1800 v. Chr. aufgegeben worden. Der Grund seien tektonische Phänomene gewesen, die zu größeren Schwankungen der Niederschlagsmenge geführt hätten, mit der Folge, daß die breiten Sedimentböden, die das günstige Ackerland geliefert hatten, weggeschwemmt wurden.

Bald danach, etwa ab 1500, scheint aber in diesem Gebiet ein Neubeginn der Besiedlung stattgefunden zu haben, und zwar in tiefer gelegenen Tälern. Jetzt wurden größere Bewässerungssysteme angelegt. De Maigret fand bei einer Begehung des Laufes des Wadi Dhana 1985 eine große Siedlung namens al-Markaba, die weder Ähnlichkeiten mit den bronzezeitlichen Siedlungen noch mit den sich zeitlich ab etwa dem 10./9. Jahrhundert anschließenden sabäischen Siedlungen aufweist.[9]

Eine deutsch-russische Grabung in Sabir, Provinz Lahej (ehemaliger Südjemen), die im Winter 1994/95 begann, hat eine bis dahin völlig unbekannte bronzezeitliche Küstenkultur ans Tageslicht gebracht.[10] Diese Kultur erstreckte sich nach Ansicht der Ausgräber von Abyan und Aden bis nach Jizan in der saudischen Tihama. Sabirs Blütezeit lag in der zweiten Hälfte des 2. Jahrtausends v. Chr. doch könnten ihre Ursprünge durchaus in das frühe 2. Jahrtausend, wenn nicht sogar in das späte 3. Jahrtausend v. Chr. zurückgehen. Zwei Grabungskampagnen erbrachten ein Inventar und Befunde, die in ihrer Vielfalt nach Meinung der Ausgräber einmalig sind. Sabir sei ein Platz gewesen, dessen Basis auf Landwirtschaft, Viehzucht, Fischfang und industrieller Produktion beruhte. Die Bedeutung der Funde in Sabir, so stellt B. Vogt, einer der Ausgräber, fest, liegt einmal darin, daß es sich um eine „Kultur" handelt, die den klassisch alt-südarabischen Kulturen zeitlich unmittelbar vorausgeht, aber mit diesen keine oder nur sehr geringe kulturelle Verbindungen aufweist. Dagegen zeigen sich starke Beziehungen zu den präaxumitischen Fundorten in Abessinien, Eritrea sowie zum Sudan. Diese Annahme von Beziehungen werden auch durch die paläoethobotanischen Untersuchungen der Italiener im jemenitischen Hochland gestützt. L. Constantini[11] glaubt, daß der Jemen ein Teil des ursprünglichen abessinischen/sudanesischen Zentrums war.

[9] Siehe „Die Königin von Saba", Hrsg. W. Daum (1988), S. 50

[10] Siehe B. Vogt, Jemen-Report, Jg. 27, Heft 1 (1996), S. 9. Es ist dem Verfasser nicht klar, ob dieser Platz mit dem Fundort Subr identisch ist; siehe Lankester Harding, Archaeology in the Aden Protectorates, S. 20/1, ferner Doe, Südarabien, S. 119/20, 153 ff.

[11] Siehe in de Maigret, The bronze age culture of Hawlan at-Tiyal and al-Hada, Reports and Memoires, Vol. XXIV, S. 200.

2. Die (proto-)sabäische Periode

Egal ob es schon im 12. Jahrhundert v. Chr. Mukarribe gab oder nicht, irgendwann um 1000 v. Chr. hat die schon an anderer Stelle dieses Buches[12] erwähnte italienische Grabung, ebenfalls unter der Leitung von de Maigret, im Wadi Yala bei al-Durayb, einem Seitental des großen Wadi Dhana, Zeugnisse einer wesentlich fortgeschritteneren und spezialisierteren Zivilisation[13] geliefert. De Maigret glaubt, daß dieser große Komplex im Wadi Yala in das 10.–9. Jahrhundert vor Chr. zurückreicht. Eine der mehreren durchgeführten Sondagen in einem der Häuser („Maison A") ergab ein kalibriertes C^{14}-Datum: 1395–920 v. Chr.

Diese Ausführungen hier zeigen einerseits, daß durch die archäologischen Forschungen unsere Kenntnisse über die Strukturen der (proto-)sabäischen Kulturen in den letzten zehn Jahren sehr erweitert worden sind, aber außer der etwas allgemein gehaltenen Feststellung, daß eine Fortentwicklung, eine Differenzierung stattgefunden hat, sind detailliertere Aussagen leider noch nicht möglich. Dazu wären vor allem auch aussagekräftige Inschriftenfunde aus der Frühzeit nötig.

Schon besser unterrichtet sind wir über die „Mukarrib-Periode", d.h. ab etwa dem 8. Jahrhundert v. Chr. Der sabäische Staat wurde mit der Formel „Almaqah, Karib'il und Saba" bezeichnet,[14] wobei der Stamm Saba den Mittelpunkt des Staates bildete. An der Spitze Sabas und seiner Vasallen stand der Mukarrib. Auch wenn dieser Staat auf theokratischer Basis organisiert war und der Mukarrib kultische Aufgaben wahrnahm,[15] so war er doch kein „Priesterkönig"[16]. Er war vielmehr der politische „Vereiniger des Landes". Er leitete militärische Operationen, Bauausführungen und andere öffentliche Vorhaben. Nur manifestierte sich die Religion auch in diesen öffentlichen Unternehmungen. Beeston[17] hat auf einen Text hingewiesen, wo eine

[12] Siehe S. 47.

[13] Siehe dazu auch den Aufsatz von W. Dostal: "Towards a Model of Cultural Evolution" in Studies, S. 185 ff.; weiter Beeston: "Functional Significance of the Old South Arabian 'Town'" in PSAS 1 (1971), S. 26 ff.

[14] Siehe S. 59 und besonders Robin, Jemen-Katalog, S. 77 und J. Ryckmans, L'Institution Monarchique, S. 51 ff.

[15] Siehe Ryckmans, S. 64 ff.

[16] Siehe dazu Beeston, PSAS 7 (1977), S. 5 ff.

[17] Siehe "The Warfare in Ancient South Arabia" in Qahtan, Studies in the Old South Arabian Epigraphy, Fasc. 3 (1976), S. 26.

strategisch-militärische Operation in Übereinstimmung mit günstigen Omen des Stammesgottes durchgeführt wurde. Im übrigen ist festzuhalten, daß der Aufbau des Staates und die Funktionen der Amtsträger, sei es der Mukarrib oder der König, in den einzelnen südarabischen Reichen unterschiedlich war.[18]

Geht man einmal von einer zeitweiligen Koexistenz der Titel „Mukarrib“ und König aus, wobei der erstere in späterer Zeit dann ganz in Vergessenheit gerät, so fragt man sich, worin bestand der Unterschied zwischen den beiden Titeln, bzw. gab es einen Unterschied in den Funktionen? Aufgrund der Inschriften muß man feststellen, daß es funktionsmäßig keinen Unterschied gab. Nach Beeston[19] ist bei diesem Titelwechsel keinesfalls ein Wechsel von einem theokratischen zu einem säkularen Regime zu sehen.

Neben dem Mukarrib bzw. König spielte der Eponym, Kabir genannt, eine wichtige Rolle. Er nahm religiöse, wirtschaftliche und politische Funktionen wahr. Nach seinem Amt wurde in den verschiedenen alt-südarabischen Reichen datiert. Diese Eponymen stammten in Main und Qataban aus den verschiedenen Clans, während in Saba nur eine beschränkte Zahl von clans das Recht hatten, einen Eponym zu stellen.[20] Die Funktion des Kabirs wird in späterer Zeit durch den sogenannten „qayl“ abgelöst. Diese „qayls“ bildeten eine eigene soziale, eine aristokratische Schicht.[21]

Außer diesen beiden „Funktionsarten“ gab es noch zahlreiche andere Ämter.[22] Sicher ist, daß der König zusammen mit Hilfe gewisser Funktionäre und Repräsentanten des Volkes, etwa Vertretern der Großgrundbesitzer, regierte. Man könnte von einem „Staatsrat“ sprechen, wobei der König nicht allein entscheiden konnte.[23]

[18] Siehe dazu das Werk von J. Ryckmans, L'Institution Monarchique; für Main siehe den Aufsatz von Robin „La Cité et l'Organisation Sociale a Ma'ain: L'Example de YIL (Aujourd'hui Baraqish)“ in Studies, S. 157ff.

[19] PSAS 7 (1977), S. 7.

[20] Siehe zur Position des Kabirs J. Ryckmans, PSAS 2 (1971), S. 24, Beeston, Epigraphic South Arabian Calenders and Dating (1956), S. 25ff., Grohmann, Arabien, S. 130

[21] Die genaue Interpretation des Wortes „qayl“ ist umstritten. Ausführlich dazu Robin, Les Hautes-Terres du Nord-Yemen avant l'Islam, tome 1 (1982), S. 79ff., Beeston, Qahtan, Studies in old South Arabian Epigraphy, Fasc. 3 (1976), S. 4.

[22] Siehe dazu Grohmann, Arabien, S. 130ff.

[23] Siehe dazu Robin in Studies, S. 157; Beeston, Journal of the Economic and Social History of the Orient 15 (1972), S. 256ff. [262ff.]; Grohmann, Arabien, S. 126ff. spricht von einer „Ständeversammlung“. Aber er muß

Was die Stände anbetrifft, so bildeten die Großgrundbesitzer einen der wichtigsten.[24] In diesem Zusammenhang sei erwähnt, daß der Grund und Boden zunächst dem Gott bzw. dem Staat gehörte. Da das Land bewirschaftet werden mußte, um Erträge abzuwerfen, wurde es an Lehensleute oder Großgrundbesitzer abgetreten.

Neben dem Stand der Großgrundbesitzer kennen wir noch den der Soldaten,[25] der Händler, der freien Bauern und der „Hörigen" ('dm)[26] sowie den der „Sklaven" ('bd).[27]Außer dieser hier geschilderten Gliederung gab es eine weitere, andere soziale Schichtung, die Beeston[28] aufgezeigt hat. Grundlage ist die Tatsache, daß die Träger der alt-südarabischen Kultur in erster Linie eine bäurische Bevölkerung waren, d.h., die Basis der Pyramide bildete das Dorf („bayt") und seine Gemeinschaft. Die nächste Stufe der sozialen Schichtung war die Verbindung von zwei oder mehreren Dörfern zu einer Einheit, zum Stamm („scha'b"). Die alt-südarabische Geschichte zeigt, daß ein solcher Stamm dann aus wirtschaftlichen, politischen oder auch militärischen Gründen das Übergewicht gegenüber anderen Stämmen gewinnt. Das endet in der dritten Stufe der Pyramide, der Föderation oder einem „Commonwealth". Beeston zieht vorsichtig einen Vergleich mit dem antiken Griechenland, der Demos („Gemeinde") entspricht dem „bayt", der „scha'b" der „polis", wie etwa Athen oder Theben, und das „Commonwealth" findet seine Entsprechung in der Vereinigung mehrerer „poleis", wobei eine „polis" dominiert, wie etwa Athen oder der „Dorische Bund"[29].

selbst zugeben, daß große Teile der Bevölkerung dabei nicht berücksichtigt wurden.

[24] Siehe J. Ryckmans, L'Institution Monarchique, S. 22, 124; N. Rhodonakis in Handbuch, S. 126; Grohmann, Arabien, S. 125.

[25] Bei Robin, Les Hautes-Terres, tome 1, S. 74, findet sich der Name „rgl", während Grohmann, Arabien, S. 123 die „Kriegerkaste" mit „qsd" wiedergibt. Bei Robin findet man dagegen die Übersetzung „paysans libres".

[26] So die Übersetzung bei Grohmann, Arabien, S. 124. Robin spricht von „clients".

[27] So Robin, S. 89, Grohmann, S. 125 spricht von „Untertanen" und sagt „'bd" sei keine untergeordnete Klasse wie Sklave.

[28] Siehe Journal of the Economic and Social History of the Orient 15 (1972), S. 256ff. [257ff.], Robin, Les Hautes-Terres, tome 1, S. 17 und ihm folgend Bafaqih, L'Unification du Yemen antique, S. 106 sprechen von „tribu"; siehe auch A. Korotayev, BSOAS 57 (1994), S. 469ff.

[29] Der Verfasser nimmt an, daß mit dem Ausdruck „Dorian League" der „Peloponnesische Bund" unter Führung von Sparta gemeint ist.

Beeston[30] hat ferner darauf hingewiesen, daß es einen deutlichen Unterschied zwischen den Hochland- und Tieflandgebieten der sabäischen Föderation bezüglich ihrer sozialen Institutionen gegeben hat. Die wichtigsten Städte in der Ebene, zumindest was Marib und Naschq anbetrifft, seien in den ersten nachchristlichen Jahrhunderten eine Gemeinschaft von freien Bürgern gewesen, die ihrerseits Eigentümer der Stadt und des dazugehörigen Gebietes waren. Abgesehen von ihren Verpflichtungen gegenüber dem König wurden sie nur von einem Magistrat regiert. Im Hochland dagegen gab es eine starke soziale Schichtung. Jeder Gemeinde wurde von einer aristokratischen Familie, die sich selbst „qayls der Gemeinde" nannten, beherrscht. Diese hier ansatzweise aufgezeigten sozialen Schichtungen beruhen auf den gefundenen Inschriften, wobei festzustellen ist, daß das bis heute gewonnene Bild immer noch sehr lückenhaft ist.

[30] Siehe Qahtan, Fasc. 3 (1976), S. 4; siehe dazu auch Robin, Studies, S. 157 ff., Les Hautes-Terres, tome 1, S. 71 ff., ferner in „La Peninsula arabique d'aujourd'hui" (Hrsg. P. Bonnefant), Bd. II (1982), S. 17 ff.

VII. DIE WIRTSCHAFT IN ALT-SÜDARABISCHER ZEIT

Bei dem Wort „Wirtschaft" denkt man natürlich sofort an den Handel, an Weihrauch und Myrrhe und an die berühmte Weihrauchstraße. Aber man muß sich darüber im klaren sein, daß einmal dieser gewinnträchtige Handel für die einzelnen südarabischen Reiche auf dem Landweg spätestens mit dem Untergang des Minäerreiches[1] stark eingeschränkt war und daß mit der Kenntnis der Monsunwinde der Handel sich auf die See verlagerte. Dieser Handel zur See, mit oder vielfach sogar ohne Weihrauch, spielte eine wichtige Rolle innerhalb der alt-südarabischen Wirtschaft.

Schließlich kommt als dritter Pfeiler der Wirtschaft die Landwirtschaft hinzu. Die Sayhad-Kultur, damit sind die Staaten gemeint, die am Rande der Wüste Ramlat Sayhad (Ramlat Sabatayn) lagen,[2] war in erster Linie eine „Bewässerungskultur", betrieben von seßhaften Farmern.[3]

1. Der Handel zu Lande

Der Gewinn, den der Handel mit Weihrauch und Myrrhe den verschiedenen alt-südarabischen Reichen einbrachte, beruht einmal darauf, daß Weihrauch und Myrrhe in diesem Gebiet wuchsen,[4] genauer gesagt im mittleren Teil des südarabischen Küstengebietes, und zweitens, daß während des Transportes auf der Weihrauchstraße von den Reichen, die die Herrschaft über die Straßen ausübten, kräftig „abkassiert" wurde, sei es durch Zölle, Abgaben in Form von Weihrauch an die Tempel, Bezahlung für Unterkunft, Wasser und Futter

[1] Siehe S. 50.

[2] Siehe S. 6.

[3] Siehe Beeston, Qahtan, Fasc. 3 (1976), S. 2.

[4] Weihrauch wuchs weiter noch auf der Insel Soqotra, im Somaliland und an der indischen Koromandelküste, siehe W. W. Müller, Art. ›Weihrauch‹ in RE, Suppl. Bd. XV (1978), Sp. 700 ff. (Dieser Artikel ist immer noch die wichtigste Arbeit auf diesem Gebiet.) Myrrhe findet sich weiter auch in Eritrea und Nord-Abessinien; siehe zum Verlauf der Weihrauchstraße auch Beeston, BSOAS 42 (1979), S. 7 ff.

sowie durch „Schutzgebühren". G. Van Beek[5] hat vorsichtig versucht, den Preis des Weihrauches zu errechnen, und ist zu dem Ergebnis gekommen, daß ein Industriearbeiter 1960 in den USA etwa 1 Woche für 1 Pfund minderer Qualität und 2 Wochen für die beste Qualität hätte arbeiten müssen. Der Preis für Myrrhe war sogar doppelt so hoch wie der des Weihrauches.[6]

Bei dieser Weihrauchstraße handelt es sich nicht nur um eine Straße, vielmehr gab es verschiedene Routen. Es führten Nebenrouten von den Anbaugebieten und Verladehäfen zu Sammelstellen im Landesinneren. Von der Weihrauchregion Dhofar, die damals dem Reich von Hadramaut unterstand, führte eine Landroute über das Wadi Hadramaut nach der Hauptstadt Schabwat. Daneben konnte der Küstenweg nach dem Hafen Qana (bei Bir Ali) benutzt werden. Von dort ging es über Maifa'a nach Schabwat. Ab hier begann die eigentliche Weihrauchstraße, die dann über Timna und Marib nach Nadjran führte. Östlich und südöstlich des Wadi Beihan, in dem Timna lag, befanden sich die Anbaugebiete der Myrrhe, so daß auf dieser Route die Möglichkeit bestand, Myrrhe einzutauschen bzw. zu erwerben.

In Nadjran teilte sich die Straße. Eine Route verlief parallel zum Roten Meer über Yatrib (heute Medina), Dedan (heute al-'Ula), Hegra (heute Medain Saleh) nach Petra, der Hauptstadt des Nabatäerreiches. Eine Abzweigung führte nach Leuke Kome, dem bekannten Hafen am Roten Meer. Die Hauptroute dagegen verlief von Petra über den Negev nach Gaza am Mittelmeer. Die andere Straße führte von Nadjran ostwärts durch das Wadi Duwasir weiter nach al-Aflag und Hagar und endete in Gerrha am Persisch-Arabischen Golf. Fragt man nun nach Vorschriften, die den Handel zu Lande regelten, so wissen wir verhältnismäßig wenig. Wir kennen zwar einige Marktordnungen,[7] aber diese beziehen sich in erster Linie auf lokale Han-

[5] Siehe The Biblical Archaeologist Reader II (1964), S. 119; weiter Müller, Art. ›Weihrauch‹, Sp. 734/35. Eine andere Berechnung kommt auf 13 Denare (römische Silbermünze) pro Kilo besten Weihrauchs. Im Vergleich dazu betrugen die Lebenshaltungskosten pro Jahr im römischen Vorderasien zur Zeit des Plinius (1. Jh. n. Chr.) 100–140 Denare, siehe D. Martinetz – K. Lohs – J. Janzen, Weihrauch und Myrrhe (1989), S. 53.

[6] Neben der Arbeit von Müller hat der Verfasser auch eine unveröffentlichte Magisterarbeit „Der Handel in nabatäischer Zeit unter besonderer Berücksichtigung der Weihrauchstraße und der Seewege" (Göttingen 1992) von Frau G. Stubbe für diesen Teil herangezogen.

[7] Siehe dazu Beeston, Qahtan, Fasc. 1 (1959), weiter Grohmann, Arabien,

delsangelegenheiten, liefern aber wenig Information über den internationalen Handel, der sich auf der Weihrauchstraße vor allem mit dem Westen abspielte. Immerhin können wir der Inschrift an der berühmten Stele[8] auf dem Marktplatz von Timna entnehmen, daß einmal der Handel auf diesem Marktplatz konzentriert werden sollte und der Handel zwischen einzelnen Dorfgemeinschaften innerhalb Qatabans dagegen Beschränkungen unterworfen war. Der Grund für diese Regelung war steuerlicher Natur. Die Handelsgeschäfte auf dem Marktplatz von Timna konnten wesentlich besser kontrolliert und somit konnten Steuern und Abgaben nur schwer hinterzogen werden. Bei der anderen Art des Handels aber war eine Kontrolle nur bedingt möglich.

Des weiteren wurde zwischen qatabanischen und nichtqatabanischen Händlern unterschieden. Alle zusammen hatten eine einheitliche Steuer zu zahlen, aber die „ausländischen" Händler wurden darüber hinaus mit zusätzlichen Abgaben belegt.

Wesentlich mehr Angaben über den internationalen Weihrauchhandel liefern uns die klassischen Autoren wie z.B. Theophrast, Strabo oder Plinius.[9]

2. Der Handel zur See

Einen Handel zur See im Roten Meer und im Indischen Ozean hat es längst vor Bestehen der alt-südarabischen Reiche gegeben. Aber erst die Erweiterung der nautischen Kenntnisse, nämlich die Fähigkeit, die Gesetzmäßigkeit der Monsunwinde für die Seefahrt auszunutzen,[10] brachte den Durchbruch. Dies bedeutete für die Handels-

S. 139. Eine minäische Marktordnung ist uns ebenfalls überliefert, siehe Beeston, BSOAS 41 (1978), S. 142ff.

[8] Siehe Beeston, Qahtan, Fasc. 1.

[9] Siehe dazu S.E. Sidebotham in L'Arabie préislamique (1986), S. 13ff.; Müller, Art. ›Weihrauch‹, Sp. 724ff., 734/35.

[10] Wann genau die Entdeckung der Monsunroute stattgefunden hat und durch wen, ist umstritten. Plinius (Nat. Hist. VI, 100ff.) und auch der unbekannte Autor der ›Periplus Maris Erythraei‹ (ein Handbuch für die Handelsschiffahrt im Orient) schreiben die Entdeckung des Südwestmonsuns (von März bis Oktober wehte in den Breitengraden nördlich des Äquators ein ständiger Wind aus südwestlicher Richtung, der eine kurze Überfahrt nach Indien ermöglicht. Mit dem im Winter – von November bis Februar – einsetzenden Nordostmonsun konnten die Schiffe wieder die Rückreise antreten) einem griechischen Seemann namens Hippalos zu (Periplus 57). Als ungefähres

schiffahrt einen enormen Aufschwung.[11] Der Handel zu Lande ging dementsprechend zurück. Produzenten und Importeure nahmen nun direkt Kontakt miteinander auf. Viele der Abgaben, die auf der Weihrauchstraße fällig wurden, entfielen jetzt.

Durch die Zunahme des Schiffsverkehrs profitierten auch die südarabischen Häfen, die als Zwischenstationen oder Umschlagplatz dienten bzw. mit ihren eigenen Flotten Handel betrieben. Die wichtigsten südarabische Häfen waren laut dem „Periplus" und Plinius (Nat. Hist. VI. XXVI. 104) Muza (nördlich von Mocha an der Stelle des heutigen Mausig[12]) und Ocelis (an der Meerenge Bab el-Mandeb) an der Küste des Roten Meeres und an der südarabischen Küste Qana (nahe dem heutigen Bir Ali) und Moscha.[13] Eudaimon Arabia (heute Aden) spielte zur Zeit des „Periplus" (wahrscheinlich 1. Jahrhundert n. Chr.[14]) keine große Rolle mehr. Denn die Seeleute aus dem römischen Ägypten kannten jetzt die Monsunwinde und segelten direkt nach Indien, womit Aden als Zwischenstation entfiel.[15] Abgesehen davon ist nicht auszuschließen, daß die Römer unter Augustus Aden zerstört haben.[16]

So war Muza an die Stelle von Aden getreten. Rom exportierte

Datum kommt die Zeit 1. Jh. v. Chr. bis 1. Jh. n. Chr. in Betracht. Siehe dazu L. Casson in L'Arabie préislamique, S. 187.

[11] Siehe M. F. Charlesworth, Trade Routes and Commerce of the Roman Empire (1961), S. 60; siehe weiter J. F. Salles in L'Arabie et ses mers bordières I, Itineraires et voisinages, Travaus de la Maison de l'Orient no. 16, Lyon (1988), S. 95 ff.

[12] So Müller, RE, Suppl. Bd XV, Art. ›Weihrauch‹, Sp. 726; siehe auch I. P. Kirwan in L'Arabie préislamique, S. 432, weiter 'Abd al-Gani 'Ali Sa'id in AAE 6 (1995), S. 272.

[13] Wahrscheinlich der Hafen der Stadt Sumhuram des heutigen Chor Rori, ca. 50 km östlich von Salalah (Oman), so Müller, Art. ›Weihrauch‹, Sp. 727; Pirenne, Journal of Oman Studies 1 (1975), S. 81 ff.; von Wissmann „Das Weihrauchland Sa'kalan, Samarum und Moscha, ÖAkWS 324 (1979), S. 42 ff.; F. P. Albright, The American Archaeological Expedition in Dhofar, Oman, 1952–1953, Publ. of the American Foundation for the Study of Man, vol. VI (1982), S. 7, N. Groom in AAE 6 (1995), S. 180 ff. lehnt eine Gleichsetzung von Chor Rori mit Moscha ab.

[14] Siehe dazu L. Casson in L'Arabie préislamique, S. 187 Anm. 3; es sei aber darauf hingewiesen, daß die Datierungen dieses Handbuches für Kaufleute und Schiffskapitäne bis in das 3. Jh. reichen, so etwa von Wissmann, ANRW II. 9.1., S. 434 oder Pirenne, Qataban, S. 176 ff. (201 Anm.), Journal Asiatique 1961, S. 441 ff.

[15] So L. Casson, S. 190.

[16] Siehe dazu v. Wissmann, ANRW II, 9.1., S. 434/35.

Güter aller Art, wie Textilien, Metalle, Lebensmittel (Wein, Öl, Getreide), aber auch Luxusgüter, etwa Gold- und Silberwaren. Im Austausch erhielt Rom vor allem Myrrhe.[17] An dieser Stelle sei darauf hingewiesen, daß nicht nur Luxusgüter nach Indien verschifft wurden. Aus dem „Periplus" ergibt sich vielmehr, daß ausgesprochene Massengüter regelmäßig transportiert wurden.[18]

Die Schiffe von Muza selbst fuhren nach Afrika und tauschten dort ihre Waren, vor allem Glaswaren, Eisenwerkzeuge und Waffen gegen Elfenbein, Muscheln und Nashornhörner.[19] Der bekannteste südliche Markt Rhapta[20] wird im „Periplus" erwähnt. Es heißt dort, daß dieses Gebiet, Azania genannt, eine überseeische Kolonie der Sabäer und Himyaren gewesen sei, wobei Rhapta selbst den Kaufleuten von Muza zur Verwaltung übergeben worden sei.

Fußten die Unternehmungen der Händler von Muza mehr auf privater Initiative, so wurde der Handel in Qana von der Regierung streng kontrolliert.[21] War Muza der Umschlagplatz für Myrrhe, so war in Qana das wichtigste Handelsgut Weihrauch. Ansonsten aber ähnelte sich der Handel in beiden Häfen. Der ›Periplus‹[22] berichtet, daß Qana in intensiven Handelsbeziehungen mit dem römischen Ägypten stand, aber auch Handel mit Häfen in Afrika, im südlichen Iran und mit Indien betrieb. Die importierten Güter entsprachen den von Muza eingehandelten Waren.

Auch mit China[23] fandt ein Güteraustausch über die See statt, wenngleich sich der wesentliche Handel auf der berühmten „Seidenstraße" mit ihren verschiedenen Routen abspielte. Von Südchina führten Überlandrouten über Assam und Burma nach Indien zu den

[17] Siehe „Periplus" § 24 und Casson a. a. O.; gute Ausgaben des „Periplus" stammen von H. Frisk, Le Périple de la Mer Erythrée, Göteborgs Högskolas Arsskrift 33 (1927) und G. W. B. Huntingford, The Periplus of the Erythraean Sea (1980) sowie L. Casson, The Periplus Maris Erythraei (1989).

[18] So A. Dihle, ANRW II, 9.2., S. 547.

[19] Siehe „Periplus", 6, 24ff.

[20] Die genaue Lage von Rhapta ist unsicher. Vielleicht lag es in der Gegend des heutigen Daressalam; siehe dazu L. Casson, S. 191, L. P. Kirwan, L'Arabie préislamique, S. 433.

[21] Siehe Casson, S. 192; zu den sowjetischen Grabungen seit 1985 in Qana siehe A. V. Sedov in AEE 3 (1992), S. 110ff.; zuletzt in Tradition and Archaeology. Early Maritime Contacts in the Indian Ocean (Hrsg. H. P. Ray – J. F. Salles) 1996, S. 11ff.

[22] Siehe „Periplus" § 27ff.

[23] Siehe Charlesworth, Trade-Routes and Commerce of the Roman Empire (1961), S. 108/9.

Häfen Barbaricon an der Mündung des Indus und Barygaza im Golf von Cambay. Die bedeutendsten Ausfuhrartikel Chinas waren der chinesische Zimt – cassia – und Seide, die dann in Syrien und Ägypten verarbeitet wurde.

Zusammenfassend ist für den Handel zu Land und zur See festzustellen, daß Südarabien auf Grund des Vorhandenseins von Weihrauch und Myrrhe sowie einiger wichtiger Häfen und der Herrschaft über einen großen Teil der Landrouten über Jahrhunderte eine entscheidende Rolle im Handel zwischen West und Ost spielte.

3. Die Landwirtschaft

Wenn auch die beiden vorangegangenen Kapitel den Eindruck erwecken könnten, das „Rückgrat" der alt-südarabischen Wirtschaft sei ausschließlich der Handel zu Land und zur See gewesen, so sei, wie schon in der Einleitung zu diesem Kapitel gesagt, nochmals festgestellt: der größte Teil der Bevölkerung Alt-Südarabiens war eine bäuerliche Bevölkerung, in Stammesverbänden gegliedert und nicht etwa Beduinen. Die Landwirtschaft war immer der wichtigste Faktor des wirtschaftlichen Lebens. Markantes Kennzeichen dafür sind die großartigen Bewässerungsanlagen im alten Südarabien, und zwar nicht nur in Marib. So haben die amerikanischen Grabungen und Surveys im Gebiet um Beihan 1950–52, also im Reich von Qataban, umfangreiche Bewässerungssysteme ans Tageslicht gebracht.[24] Weiter sei auf die französischen Grabungen ab 1975 in und um Schabwat, der Hauptstadt des Reiches von Hadramaut, verwiesen, wo ebenfalls eindrucksvolle Bewässerungssysteme nachgewiesen werden konnten.[25]

Einer der besten Kenner der jemenitischen Landwirtschaft, Horst Kopp, hat mit Recht betont,[26] daß der Ackerbau im Jemen eine sehr alte Tradition besitzt. Durch die Fähigkeiten bei der Ausnutzung der

[24] Siehe dazu Archaeological Discoveries in South Arabia, Hrsg. W. F. Albright, vol. II, Publications of the American Foundation for the Study of Man (1958).

[25] Siehe Fouilles de Schabwa, Hrsg. J.-F. Breton, Institut Français d'Archéologie du Proche-Orient, Publication Hors Série no. 19 (1992). Praktisch ist dieser Bericht identisch mit dem von Breton u. a. in Syria 68 (1991) S. 1–431.

[26] Siehe Jemen-Report Nr. 5 (1974), S. 4ff., vor allem auch „Agrargeographie der Arabischen Republik Jemen", Erlanger Geographische Arbeiten, Sonderband 11 (1981); siehe weiter auch H. H. Siewert, ABADY I (1982), S. 181ff., M. Höfner, Grazer Morgenländische Studien 2 (1989), S. 343ff.

verschiedensten Wasserquellen und die damit verbundenen Fertigkeiten beim Anlegen der bekannten Terrassen konnten auch entlegene Teile des Gebirgslandes kultiviert werden. Kopp weist darauf hin, daß weitere Kennzeichen der jemenitischen Landwirtschaft die Züchtung von Saatgut durch gezielte Auslese, Düngung im Zusammenhang mit der weit verbreiteten Stallviehhaltung sowie Ausnutzung auch geringster Ressourcen seien. In der Isolierung des Hochlandes hätten sich viele sehr altertümliche Arbeitsweisen und Arbeitsgeräte erhalten, die anderswo auf der Welt schon längst ausgestorben seien. Wichtigste Werkzeuge zur Bodenbearbeitung waren ein einfacher mit einem Dorn versehener Pflug, der von Rindern gezogen wurde, weiter die Hacke und die Scharre. Letzteres ist ein Brett, an welchem Ketten befestigt waren und ebenfalls von Rindern gezogen wurde.[27]

Die wichtigsten Anbauprodukte waren früher wie heute Hirse und danach Weizen, Gerste, Mais, Datteln und Gemüse.[28] Für die antike Zeit stützen zum einen die deutschen Untersuchungen in der Oase von Marib und zum anderen die Auswertung des inschriftlichen Materials aus sabäischer Zeit diese Feststellungen. Aus einer Inschrift (CIH 540) wissen wir z. B., daß beim Wiederaufbau des Dammes von Marib 449/50 n. Chr. auf der jeweiligen Verpflegungsliste der Bauarbeiter Weizen und Gerste standen. Diese und eine andere Inschrift (CIH 541) berichten auch, daß der Konsum der Bauarbeiter an Traubenwein im Jahre 449 rund 430 Kamelladungen gegenüber 200 Kamelladungen Dattelwein betrug und im Jahre 450 n. Chr. ausschließlich Traubenwein geliefert wurde, und zwar 670 Kamelladungen. Die wahrscheinlich am häufigsten in den Inschriften erwähnten Kulturen sind die Palmen. Wir wissen weiter aus den Inschriften, daß es eine ausgedehnte Viehhaltung gegeben hat. Der Bauer benötigte Vieh für die Feldarbeit, und daneben wurde Großvieh auch für Transportaufgaben, z. B. bei der Reparatur des Dammes von Marib, verwendet.[29]

[27] Siehe Höfner, S. 347.

[28] Am Rande sei erwähnt, daß ein weiteres heutiges Anbauprodukt, der Kaffeestrauch, und damit als Genußprodukt die Kaffeebohne, erst im 15./16. Jh. nachrichtlich überliefert ist. Wann allerdings diese Kulturpflanze systematisch angebaut wurde und was dem Handel mit Kaffee zeitlich vorausgegangen sein muß, wissen wir nicht (siehe dazu H. Becker, V. Höhfeld, H. Kopp, Kaffee aus Arabien, Geographische Zeitschrift, Beihefte Nr. 46 (1979), S. 7/8.

[29] Siehe zu diesen Angaben Ingrid Hehmeyer, ABADY V (1991), S. 51 ff. (54 ff.).

Kopp betont, daß ein Wesenszug der jemenitischen Landwirtschaft bis heute die Subsistenzwirtschaft sei, d. h., der größte Teil der Agrarprodukte war und ist für den Eigenverbrauch bestimmt.

Abschließend kann nur nochmals hervorgehoben werden, daß die Landwirtschaft in alt-südarabischer Zeit hochentwickelt war. Die Inschriften zeigen eine vielfältige Terminologie für die Boden- und Pflanzenarten; ebenso kennen wir eine große Zahl von sogenannten Bauerninschriften. In ihnen wird um den Schutz der Felder oder ihr Gedeihen gebeten, oder man dankt den Göttern für gutes Wachstum.[30]

[30] Siehe Hehmeyer, S. 54ff., ferner A. Grohmann, Südarabien als Wirtschaftsgebiet, Teil I Osten und Orient, Erste Reihe Forschungen, 4. Bd. 1922, S. 204 (auch Teil II, 1933 liefert wichtige Informationen).

VIII. MILITÄRWESEN

Leider besitzen wir keine größeren zusammenhängenden Berichte über das Militärwesen in Südarabien. Unsere Informationen beruhen auf Inschriften, die über Feldzüge und Schlachten berichten.[1] So ist es auch nicht überraschend, daß es in den neueren Werken über Alt-Südarabien keinen Abschnitt über das Militärwesen gibt.[2] Eine Ausnahme bildet ein längerer Aufsatz von Beeston[3] und der 1994 erschienene Band von J.-F. Breton in der Reihe der „Archäologischen Berichte aus dem Yemen" des Deutschen Archäologischen Instituts in Sanaa.[4] Letzteres Werk behandelt aber auch nur einen Aspekt, nämlich „Die befestigten Siedlungen Altsüdarabiens vom 7. bis 1. Jahrhundert v. Chr.".

Der Krieg spielte sicherlich eine Rolle im damaligen Leben. Dies zeigt u. a. ein Blick in das „Sabaic Dictionary" von A. F. L. Beeston, M. A. Ghul, W. W. Müller und J. Ryckmans. Es finden sich dort an die 120 Wörter, die in unmittelbarem Zusammenhang mit dem Militärwesen, besonders dem Krieg, stehen. Auch in Beestons Aufsatz finden sich zahlreiche Hinweise auf Wörter und Ausdrücke im Alt-Südarabischen, die sich auf dieses Thema beziehen.

Es ist aufgrund der Geländegegebenheit in Südarabien davon auszugehen, daß die Art der Kriegführung dort eine andere war als etwa

[1] Einer der umfangreichsten Berichte stammt von dem sabäischen Herrscher Karib'îl Watar (RES 3945), s. S. 59/60. Weitere Inschriften über Schlachten und Feldzüge finden sich bei Beeston "Warfare in ancient South Arabia (2nd–3rd centuries A.D.)", Qahtan, Studies in old South Arabian Epigraphy, Fasc. 3 (1976).

[2] Weder im Jemen-Katalog noch in den zahlreichen Arbeiten von v. Wissmann oder dem kürzlich erschienenen Buch von C. Robin „L'Arabie antique de Karib'îl à Mahomet" s. S. 48, um nur einige Beispiele zu nennen, wird das Militärwesen behandelt. In AfO 42–43 (1995/96), S. 503, weist Müller auf ein Werk in Arabisch hin: al-Hariti, S. b. A., Gais al-Yaman qablal-Islam (Über das Heerwesen im vorislamischen Jemen), Sanaa 1991 [mir nicht zugänglich].

[3] Siehe Anm. 1 in diesem Kapitel.

[4] „Les Fortifications d'Arabie Méridionale du 7e au 1er siècle avant notre ère", ABADY VIII.

die in Mesopotamien zur gleichen Zeit.[5] So sind Streitwagen wohl kaum eingesetzt worden. Auch Belagerungsmaschinen dürften in Südarabien unbekannt gewesen sein, ebenso der Einsatz von Kavallerie in großem Stil.

Beeston[6] unterscheidet drei Gruppen von Soldaten innerhalb der sogenannten „Sayhad"-Staaten, also der Staaten, die um die Ramlat Sayhad- (heute Ramlat Sabaitan-)Wüste, lagen: Die „Chamis"[7] bildeten die Hauptarmee. Sie unterstanden dem direkten Befehl des Königs oder einem seiner Generäle und waren eine strikt nationale Truppe, d.h., bei den sabäischen Chamis z.B. dienten keine Himyariten. Jedes Reich hatte seine eigene Chamis. Umstritten[8] ist, ob es sich dabei um eine Berufsarmee oder um eine Truppe handelte, die sich wie die römische Armee in republikanischen Zeiten aus Bauern zusammensetzte, die nach Beendigung des Feldzuges wieder ihrem eigentlichen Beruf nachgingen.

Die zweite Gruppe waren die ausgehobenen Truppen, die von den Gemeinden im Hochland gestellt wurden. Sie kämpften unter dem unmittelbaren Kommando ihres „qayl[9]". Diese beiden Gruppen bildeten die Hauptmacht des Heeres. Als dritte Gruppe nennt Beeston die Kavallerie. Er sagt aber selbst, daß sie zahlenmäßig keine große Rolle spielte. Als Beispiel sei auf eine Inschrift verwiesen, die einen Feldzug des himyarischen Generals Sa'adtá lab Yatlaf um das Jahr 315 n. Chr. gegen Hadramaut schildert. Die Gesamtstärke des Heeres betrug 670 Krieger, davon waren 20 Kavalleristen und 50 weitere Pferdereiter.[10]

[5] Siehe zur Kriegführung in Mesopotamien F. Malbran-Labat, L'armée et l'organisátion militaire de l'Assyrie d'après les lettres des Sargonides trouvées à Ninive, Ecole Pratique des Hautes Etudes, IV. Section, Sciences historiques et philologiques, II Hautes etudes Orientales 19 (1982, Paris).

[6] Siehe Qahtan Fasc. 3, S. 7ff.

[7] Die Etymologie dieses Wortes ist nach Beeston, S. 19 Anm. 14 etwas rätselhaft.

[8] Beeston scheint seine Meinung geändert zu haben; während er in Le Muséon 65 (1952), S.140/1 meinte, daß ein Berufsheer unter den damaligen sozialen Bedingungen in Südarabien nicht hätte existieren können – anders M. Hartmann, Die arabische Frage (1909), S. 448/9 –, meinte er später, siehe Qahtan, Fasc. 3 (1976), S. 7/8, 10, daß die „Chamis" im gewissen Sinn ein Berufsheer gewesen seien, siehe auch BSOAS 42 (1979) S. 10 Anm. 13.

[9] Siehe S. 80.

[10] Siehe zu dieser Inschrift W. W. Müller in Al-Hudud, Festschrift Maria Höfner zum 80. Geburtstag (1981), S. 225ff. [229, 237].

Zusätzlich verstärkten sich die jeweiligen Armeen, besonders die sabäische und hadramitische, noch durch beduinische Söldnertruppen.[11]

Die Größe der jeweiligen Armee schwankt in den Inschriften. Einmal wird die Zahl von 2500, dann von 670 Kriegern, dann von 270 oder 203 oder 1026 genannt. Für die hadramitische Armee wird in einer Inschrift von 2000 Mann Verlusten gesprochen. In einem anderen Text ist von 4000 Soldaten die Rede, die Schabwat verteidigten. Überwiegend liegen die genannten Zahlen der Soldaten aber unter 1000. Ein anderes Mal werden – allerdings mit Fragezeichen – 16000 irreguläre Soldaten der Himyariten erwähnt, die von nur 1500 Kriegern und 40 Berittenen in die Flucht gejagt wurden.[12]

Was die verwendeten Waffen anbetrifft, so waren wohl der Dolch und die Lanze die Hauptwaffen. Beeston[13] glaubt nicht, daß der Bogen eine häufig verwendete Waffe in Arabien gewesen sei, er sei vielmehr für die Jagd benutzt worden. Der Verfasser ist sich nicht sicher, ob diese Feststellung unbedingt zutrifft. Man darf nicht vergessen, daß diese Waffe bei den geographisch und zeitlich gar nicht so weit entfernten Parthern eine der Hauptwaffen war. So hat sie z. B. in der berühmten Schlacht von Karrhae (heute Harran, Türkei) 53 v. Chr. gegen die Römer unter Crassus den Ausschlag für den parthischen Sieg gegeben. Hinzuweisen ist ferner darauf, daß möglicherweise der Kompositbogen, der im Laufe des 4. Jahrhunderts v. Chr. auftaucht, auf der Arabischen Halbinsel entwickelt worden ist.[14] Weiter sei auf einen Fund in der Nekropole von Wadi Dura (Hadramaut) hingewiesen. Es handelt sich um das Bruchstück einer Kupferschale, auf der ein Schütze mit Bogen und Köcher dargestellt ist[15].

Auch das Schwert ist nach Beeston keine häufig verwendete Waffe in antiker Zeit gewesen. Dieses sei in Arabien immer eine seltene und kostbare Waffe gewesen, die wohl nur Häuptlingen zustand.

Eine Waffe, die in Beestons Aufzählung der in Südarabien verwen-

[11] Siehe Beeston, S. 9/10, ferner Robin, L'Arabie antique, S. 78ff.

[12] Die Zahlen stammen aus den Inschriften bei Beeston, S. 24ff.

[13] S. 13.

[14] So M. Korfmann, Schleuder und Bogen in Südwestasien. Von den frühesten Belegen bis zum Beginn der historischen Stadtstaaten, Antiquitas, Reihe 3, Bd. 13 (1972), S. 217.

[15] Siehe M. Kazanski in J.-F. Breton – M. 'Abd al-Qadir Bafaqih (Hrsg.), Trésors du Wadi Dura, Institut Français d'Archéologie du Proche-Orient, Bibliothèque Arch. et Historique, Bd. CXLI (1993), S. 51ff.

deten Waffen völlig fehlt, ist die Schleuder. Sie aber war schon in prähistorischer Zeit eine der Hauptwaffen. So berichtet Strabo[16] von ihrem Gebrauch bei den Arabern der westlichen Arabischen Halbinsel. Anfang des 16. Jahrhunderts n. Chr. dienten in der Armee des Sultans von Aden ca. 3000 ägyptische Söldner, die neben Schwert und Lanze auch die Schleuder benutzten.[17]

Was die strategischen Ziele der sabäisch-himyarischen Föderation anbetraf, so konzentrierten sie sich nach Beeston[18] auf zwei Dinge: die Eroberung von wichtigen Orten und die Durchführung von Zangenbewegungen, indem man seine Truppen in zwei Kolonnen aufteilte und so den Feind aus zwei Richtungen bedrohte. Hinzuzufügen ist mit Breton[19] noch die Zerstörung der lebensnotwendigen Bewässerungsanlagen.

Aus der Art der Befestigungsanlagen lassen sich Rückschlüsse auf die Art der Kriegführung ziehen. Breton[20] unterscheidet drei Epochen der Verteidigungssysteme Südarabiens: einmal eine „frühgeschichtliche" Zeit, wobei der zeitliche Beginn ungewiß ist, dann die sogenannte Mukarrib-Zeit (7.–6. Jahrhundert v. Chr.) und schließlich die der Einstellung der großen defensiven Bauprogramme (1. Jahrhundert v. Chr.).

In der ersten Epoche zeichnen sich Verteidigungsmauern durch Verwendung unbearbeiteter Steine und durch irregulären Mauerverlauf aus. Kasemattenmauern[21] konnten nachgewiesen werden, aber häufiger sind Mauern, die aus aneinanderstoßenden Gebäuden gebildet waren („edifices contigus").

Die zweite Epoche, die mit dem Erscheinen der „südarabischen" Kultur zusammenfällt, zeigt eine Änderung im Festungsbau. Jetzt erscheint der große Mauerverband – Paradebeispiel hierfür ist Marib –, wo die Mauer etwa 4200 Meter lang ist und man verschiedene Mauertypen unterscheiden kann: Lehmziegelmauern mit und ohne Kalk-

[16] Geogr. XVI 4. 24; siehe weiter Korfmann, S. 6, 8.

[17] Siehe K. G. Lindblom, Die Schleuder in Afrika und anderwärts, Riksmuseets Etnografiska Avdetning, Smärre Meddelanden 2 (1927), S. 28.

[18] S. 15/6.

[19] ABADY VIII (1994), S. 166.

[20] Siehe S. 79 ff., S. 171 ff.

[21] Breton spricht von „Kasemattenmauern" (z. B. S. 148), während in der deutschen Zusammenfassung von „Kastenmauern" die Rede ist (z. B. S. 183). Bei letzteren sind die Kästen aufgefüllt mit Erde oder Stein, bei den Kasemattenmauern waren sie hohl und konnten von den Verteidigern bemannt werden oder als Wohn- oder Vorratsräume dienen.

steinverzierung oder mit Spolienverblendung, Tuffsteinmauern oder Lavamauerwerk.[22] Weiter lassen sich vier Stadttore und zahlreiche Türme nachweisen. Dieses Aufblühen der Festungsarchitektur, u.a. auch die Erhöhung der Mauern von 8 m in Main und bis zu 14 m in Baraqisch, ist nach Breton[23] ein Zeichen des Wohlstandes und nicht etwa ein Beweis dafür, daß die Belagerungstechnik sich weiterentwikkelt hätte. Die reichen landwirtschaftlichen Erträge und die Einnahmen aus dem Karawanenhandel ermöglichten den Aufschwung im Festungsbau.

Die dritte Epoche beginnt dann ab dem 1. Jahrhundert v. Chr.[24] Breton stellt einen Rückgang der Bauvorhaben für militärische Anlagen fest. Die Mauern werden nicht mehr unterhalten oder repariert. Dieser Vorgang spielt sich allerdings in den verschiedenen Regionen unterschiedlich ab. Im minäischen Reich scheint die Verlagerung des Handels vom Lande auf die See, und damit ein Rückgang der Einnahmen, der Grund gewesen zu sein. In anderen Regionen dürfte es das Eindringen nomadischer Gruppen gewesen sein. Gegen sie hatten die üblichen Festungsmauern ihre Wirksamkeit verloren. In Marib zeigen die Mauern aus ungebrannten Lehmziegeln einen Verfall der Stadt im 1. Jahrhundert v.Chr. In Qataban scheint seit dem 2. Jahrhundert v.Chr. keine Verteidigungsanlage mehr gebaut worden zu sein. Lediglich im Hadramaut ist aufgrund der Grabungen im Schabwat noch eine gewisse Bautätigkeit bis zum 3. Jahrhundert n.Chr. zu erkennen.

Faßt man zusammen, so ist festzustellen, daß die Kriegführung bzw. dic Belagerungstechnik in Südarabien im Vergleich zu den Römern und den hellenistischen Staaten einerseits sowie den orientalischen Reichen in Mesopotamien und Kleinasien[25] andererseits doch längst nicht so ausgefeilt und so entwickelt war. In Südarabien ähnelten die jeweiligen Kriege wohl eher Kriegen zwischen einzelnen Stämmen. Ein Grund dafür könnte darin liegen, daß Südarabien ein verhältnis-

[22] Eine ausführliche Beschreibung der Stadtmauern von Marib findet sich bei B. Finster in ABADY III (1986), S. 73ff., weiter bei Breton, S. 89ff.

[23] S. 159ff., 168, 185.

[24] Breton, S. 172. Bei der deutschen Zusammenfassung steht hinter der Datierung „1. Jahrhundert v. Chr." ein Fragezeichen, siehe S. 186.

[25] Das Buch von R. Naumann, Architektur Kleinasiens von ihren Anfängen bis zum Ende der hethitischen Zeit (2., erw. Aufl. 1971) zeigt deutlich, wie fortgeschritten diese Region, auch schon in einer Zeit vor der „archaischen" Epoche in Südarabien war.

mäßig abgelegenes Gebiet war, das nur einmal, nämlich bei dem Feldzug der Römer unter Aelius Gallus 25/4. v. Chr., mit „ausländischen“ Kriegsmethoden, speziell Belagerungstechniken, in Berührung kam.

IX. DIE RELIGION(EN) ALT-SÜDARABIENS

In den alt-südarabischen Inschriften werden eine Fülle von Gottheiten erwähnt. Die Religion beherrschte das private und öffentliche Leben.[1] Wenn man will, kann man von einer theokratischen Gesellschaft sprechen.[2] Allerdings sind unsere Kenntnisse der religiösen Verhältnisse noch sehr begrenzt. Aus den freigelegten Tempeln läßt sich der Glauben der Schöpfer nicht entnehmen; es bleiben nur die Inschriften. Beeston[3] hat aber nicht zu Unrecht darauf hingewiesen, daß die Auswertung dieser Inschriften dem Versuch gleiche, die Religion der Griechen ausschließlich anhand griechischer Inschriften rekonstruieren zu wollen, ohne auf literarische Quellen, die für das Verständnis religiösen Gedankenguts von enormer Wichtigkeit seien, zurückgreifen zu können. Im Falle des Jemen würden wir aber gerade einen einzigen Text besitzen, der als „literarisch" bezeichnet werden könne.[4]

Das Pantheon Alt-Südarabiens war polytheistisch, wobei der astrale Charakter, wie auch in anderen Religionen des Alten Orients, auffällig ist. Oberster Gott in Saba, Main, Qataban und Ausan war „'Attar"[5], der männliche Venussterngott. Lediglich im Hadramaut hieß er „'Astar". Vielleicht ist dieser Rang damit zu begründen, daß 'Attar in engem Zusammenhang mit der Bewässerung stand, also der

[1] Neuere Einführungen in die alt-südarabische Religion liefern die Artikel „Die Altsüdarabische Religion" im Jemen-Katalog, S. 111 ff. und "Religions of South Arabia" in "The Anchor Bible Dictionary", Hrsg. D. N. Freedman, vol. VI (1992), S. 171 ff., beide von J. Ryckmans. An weiteren „Standardwerken" sind zu nennen: Beeston "The Religions of the Pre-Islamic Yemen" in: J. Chelhod, L'Arabie du Sud, tome I, S. 259 ff., M. Höfner „Die Religionen Altsyriens, Altarabiens und der Mandäer" in: „Religionen der Menschheit" X, 2 (1970), S. 234 ff., A. Jamme „La religion arabe préislamique" in: M. Brillant – R. Aigrain „Histoire des Religions IV" (1956), G. Ryckmans „Les religions arabes préislamiques", Bibliothèque du Muséon 26 (2. Aufl. 1951).

[2] So Beeston, PSAS 7 (1977), S. 5 ff. [9].

[3] Im Kalender al-Yaman 1991, Blatt Oktober Rückseite.

[4] Jamme, in „La religion arabe préislamique", S. 249 ff. gibt im übrigen einen guten Überblick über den Stand der Diskussion (allerdings nur bis 1956) die alt-südarabische Religion betreffend.

[5] So J. Ryckmans, Jemen-Katalog, S. 111.

Lebensfrage der alt-südarabischen Reiche.[6] Der Name entspricht der weiblichen mesopotamischen Ischtar bzw. der syrisch-palästinensischen Astarte. Wir kennen weiter eine Sonnengottheit Schams, die in Assyrien Schamasch hieß und männlich war. Die Dreiheit wurde vervollständigt durch einen Mondgott,[7] der in Saba den Namen Almaqah bzw. Ilmaqah oder Ilumquh trug.[8] Er war der sabäische Reichsgott, in Main und Ausan war er unter dem Namen Wadd, in Qataban als ʻAmm und im Hadramaut als Sin[9] bekannt.

Beeston[10] ist der Ansicht, daß es aber eine zu große Vereinfachung sei, wenn man diese Dreiheit nur als symbolhafte Darstellung der Himmelskörper Venus, Mond und Sonne verstehen wolle.[11] Die wirklichen Verhältnisse seien vermutlich mindestens so komplex gewesen, wie die zur gleichen Zeit in Mesopotamien und Syrien vorherrschenden religiösen Systeme.

Neben diesen Hauptgottheiten gab es in den verschiedenen südarabischen Reichen eine Vielzahl von anderen untergeordneten Gottheiten. Eine zahlenmäßig bedeutende Rolle spielten auch die Schutzgötter für einen bestimmten Ort, für einen Stamm,[12] einen Clan oder

[6] Siehe M. Höfner in „Religionen Altsyriens, Altarabiens und der Mandäer", S. 269, 352.

[7] Allgemein wird er als männlich angesehen. Siehe z. B. G. Ryckmans „Les religions arabes préislamique", S. 42, Grohmann Arabien, S. 244, Jamme „La religion arabe préislamique", S. 260ff., J. Ryckmans Jemen-Katalog, S. 111 weist allerdings darauf hin, daß in jüngster Zeit vorgebracht würde, einige seiner Symbole seien Sonnensymbole oder solche, die sich auf Dionysos bezögen. Ryckmans hat diese Ansicht übernommen, für ihn ist Almaqah ein Sonnengott, eine männliche Form des Schams.

[8] Für J. Ryckmans Jemen-Katalog, S. 112 ist es nicht sicher, ob Wadd mit dem Mondgott gleichzusetzen ist.

[9] Für Ryckmans a. a. O. ist er als Sonnengott anzusehen.

[10] Siehe Kalender Al-Yaman 1991, Blatt Oktober, Rückseite.

[11] So hat D. Nielsen immer wieder die These propagiert, das gesamte südarabische Pantheon könne auf diese Dreiheit zurückgeführt werden, siehe „Handbuch der alt-arabischen Altertumskunde", S. 227. Lesenswert ist die Kritik von Jamme zu dieser Ansicht, siehe „La religion arabe préislamique", S. 257ff.; siehe auch M. Höfner in „Religionen Altsyriens, Altarabiens und der Mandäer", S. 245/6.

[12] Als Beispiel sei auf die bekannte sabäische Inschrift RES 4176 verwiesen. Sie beinhaltet ein Statut des Gottes Taʻlab von Riyam (Ort in Arhab im nordjemenitischen Hochland) für seinen Stamm Sum'ay. Siehe W. W. Müller in O. Kaiser (Hrsg.) „Texte aus der Umwelt des Alten Testaments, Bd. II, Liefe-

eine Familie. Einige Götter wiederum hatten eine bestimmte Funktion. So waren die Gottheiten namens Munaddih und Munaddiha die Beschützer der Bewässerungsanlagen und Grenzen. Halfan war der Schwurgott und Mutibqabt ein minäischer Erntegott. Robin[13] hat weiter auf die Bedeutung der Berge für die alt-südarabische Religion hingewiesen. Neue Inschriftenfunde würden die Existenz von zwei göttlich verehrten Bergen zeigen.

Die Darstellung der Götter fand häufig durch ihr Symboltier statt, etwa durch die Schlange für die Gottheit Wadd oder den Stier als Symboltier des Almaqah. Vielfach wurden die Gottheiten aber auch durch ein abstraktes Symbol am Anfang oder Ende der Inschrift dargestellt. So war die Keule das Symbol Almaqahs und der Blitz das Symbol der qatabanischen Gottheit ʿAmm. Ob es Götterstatuetten oder Statuen in Menschengestalt gegeben hat, ist in der Forschung umstritten.[14]

Das „Haus" oder der „Wohnsitz" der Gottheiten war der Tempel.[15] Er spielte eine sehr wichtige Rolle, nicht nur im religiösen, sondern allgemein im öffentlichen Leben. Seine Stellung und Bedeutung kann in etwa mit der des sumerischen Tempels in Mesopotamien im 4./3. Jahrtausend v. Chr. verglichen werden. Die Zahl der Tempel muß erheblich gewesen sein, auch wenn Plinius (Nat. hist. VI. XXXIL 154, 155) Angaben, Timna habe 65 und Schabwat 67 Tempel besessen, vielleicht etwas zu hoch gegriffen sind.

Die Tempel waren sehr reich. Ihr Einkommen bezogen sie aus Abgaben und Steuern, die sie durch ihren umfangreichen Landbesitz und durch die Einziehung des Zehnten (Nat. hist. XII. XXXII 63), sowie frommen Gaben erhielten. Priester und/oder Funktionäre besorgten die Verwaltung und Geschäfte der Tempel. Die Priester waren außerdem für die Auslegung der Orakel und für Vollziehung von Opfern

rung 3 (1988), S. 438ff. Die dort von Müller angekündigte neue Übersetzung nebst Kommentar konnte ich nicht auffinden.

[13] In Al-Hudud, Festschrift Maria Höfner (1981), S. 263ff.

[14] Vermutlich ja, so Grohmann Arabien, S. 247, J. Ryckmans Jemen-Katalog, S. 113: ja, aber sehr selten und dann zeitlich später. Nein: J. Henninger Anthropos 38–40 (1942–1945), S. 804 und Anm. 101; M. Höfner in „Religionen Altsyriens, Altarabiens und der Mandäer", S. 333/4. Jamme „La réligion arabe préislamique", S. 295: das vorliegende Material gibt keinen entscheidenden Hinweis für die Lösung des Problems, ebenso J. Schmidt Jemen-Katalog, S. 98.

[15] Auf die Architektur wird im einzelnen im Kapitel X1b ›Sakralarchitektur‹ eingegangen.

zuständig. Sie stellten eine erbliche Klasse dar.[16] Daneben gab es aber auch Laien, die im Dienste des Tempels standen. Neben Tier- und Trankopfern kennen wir das rituelle Mahl. In der schon erwähnten Inschrift RES 4176[17] wird von dem Gott Ta'lab von Riyam für seinen Stamm u.a. angeordnet, daß dieser Festmähler abzuhalten habe. Ob es Menschenopfer gegeben hat, ist nicht mit Sicherheit zu sagen.[18] Durch mehrere Inschriften ist ferner die rituelle Jagd auf Tiere, die einem bestimmten Gott heilig waren, so etwa die Antilopen dem Gott 'Attar, überliefert.[19]

Über die Ausstattung der Tempel wissen wir wenig, die Ausgrabungen waren nicht sehr ergiebig. Man hat verschiedene Arten von Altären, wie z.B. Schlachtopferaltäre oder Räucheraltäre, gefunden, wobei diese Altäre die unterschiedlichsten Formen zeigten.

Was den Totenkult anbetrifft, so haben die Ausgrabungen[20] gewisse Informationen geliefert und bestätigen auch hier den Formenreichtum der Gräber, wie wir sie schon aus anderen Teilen der Arabischen Halbinsel – etwa aus Oman, Bahrain, Vereinigte Arabische Emirate – kennen. Es sei hier nur auf die Grabungen von G. Caton Thompson 1938 im Hadramaut, von den Amerikanern unter der Leitung von F.P. Albright im Wadi Beihan und Marib in den Jahren 1950/1952 und die deutschen Untersuchungen unter J. Schmidt[21] im Gebiet von Marib hingewiesen. Kreisrunde Tumulusgräber, Bienenkorbgräber,[22] rechteckige Steingräber mit einer kreisrunden Grabkammer,

[16] Siehe J. Ryckmans Jemen-Katalog, S. 113, Jamme „La religion arabe préislamique", S. 292ff.

[17] Siehe Anm. 12 in diesem Kapitel.

[18] Nach J. Ryckmans Jemen-Katalog, S. 114 scheinen in Himyar im 2. und 3. Jahrhundert n.Chr. Gefangene rituell der Göttin Schams geopfert worden zu sein, a. M. Höfner in „Die Religionen Altsyriens, Altarabiens und der Mandäer", S. 333ff., H. Grimme, Zeitschrift für Assyriologie 29 (1914), S. 187 spricht von Kinderopfern. Jamme, S. 296 ist dagegen der Ansicht, der betreffende Text sei falsch gelesen worden, ebenso G. Ryckmans „Les religions arabes préislamique", S.33; keine Menschenopfer: Höfner a.a.O., J. Henniger in Al-Hudud, Festschrift Maria Höfner (1981), S. 65ff.

[19] Es gibt eine umfangreiche Literatur zu diesem Thema. Am besten siehe Müller, in O. Kaiser (Hrsg.), Texte, Bd. II, Lieferung 3, S. 442ff., derselbe in ABADY III (1986), S. 101ff.

[20] Zu den nachfolgend genannten Grabungen und ihren Publikationen siehe das Kapitel IV ›Entdeckungsgeschichte‹.

[21] Siehe ABADY I (1982), S. 171ff.

[22] Bei diesem Typ handelt es sich um oberirdische kreisrunde Grabbauten, wobei das Grab im Aufriß einen bienenkorbartigen Körper bildete.

weiter sog. „pillbox“[23]-Gräber und auch Höhlengräber[24] und Grabtürme sind bekannt. Zahlenmäßig gesehen gibt es Einzelgräber, Gräberfelder und ganze Totenstädte.[25]

Diese hier geschilderte polytheistische Religionsform wurde im 4. Jahrhundert langsam von einer monotheistischen Richtung abgelöst, zumindest unter den Angehörigen der Oberschicht.[26] Die verschiedenen Gottheiten wurden jetzt durch Rahmanan „dem Barmherzigen“, dem „Herrscher des Himmels“, ersetzt. Wie schon an anderer Stelle erwähnt, ist es aber in der Forschung umstritten, welche „Färbung“ dieser Monotheismus hatte.[27] Neben der Ansicht, er sei christlich oder jüdisch, ist eine weitere Möglichkeit zu bedenken: der Rahmanismus war keines von beiden, er war vielmehr ein autochthoner Monotheismus und seine Anhänger waren „hunafa“ (Singular hanif), was soviel bedeutet wie: die echte und reine Religion zu haben.[28]

Ob die jüdische Religion vor dem jüdischen König Yusuf As’ar Yat’ar – Du-Nuwas – (Anfang des 5. Jahrhunderts) schon in Südarabien festen Fuß gefaßt hatte, ist nicht mit Sicherheit zu beweisen. Wir kennen zwar Inschriften, die darauf hindeuten könnten, aber mehr auch nicht.[29]

Ähnliches gilt für das Christentum: Es gibt keine überzeugenden Beweise für ein wirkliches Christentum in Südarabien vor dem 6. Jahr-

[23] Rundbauten, deren Form einer Pillenschachtel ähneln.

[24] Ein ausführlicher Bericht von J.-Ch. Roux über die Grabung eines solchen Höhlengrabes in Schabwa findet sich in Syria 68 (1991), S. 331 ff.

[25] Neben dem grundlegenden Aufsatz von Schmidt (s. Anm. 21) finden sich auch in den beiden Büchern von B. Doe Monuments of South Arabia und Südarabien weitere Angaben.

[26] So Beeston Kalender al-Yaman 1991, Blatt Oktober, Rückseite.

[27] Siehe S. 67.

[28] Diese Möglichkeit deutet Beeston in Studies, S. 151 an, ähnlich Müller Reallexikon, Sp. 309, siehe auch Robin L’Arabie antique, S. 147, zu dem Begriff „Hanif“ siehe EI III, (1979), S. 165/66.

[29] Siehe dazu Beeston a. a. O., weiter Robin, S. 146/7, J. Ryckmans „Le christianisme en Arabie du Sud préislamique“ in Accademia Nazionale dei Lincei anno 361. Atti del Convegno intern sul tema L’Oriente Christ (Rom 1964), S. 439, ist der Ansicht, daß der „Rahmanismus“ des 5. Jh. weder jüdisch noch jüdisch beeinflußt sei. Später, Jemen-Katalog, S. 115 aber: „Vom Ende des 4. Jh. an bekennen sich jedoch auch hochgestellte Persönlichkeiten zum Judentum.“ Meines Erachtens besagt dies aber nichts über die „Färbung“ des Rahmanismus.

hundert.[30] Erst mit der abessinischen Eroberung 525 n.Chr. wurde dann dem Land diese Religion „auferlegt". Die Bezeichnung „Rahmanan" taucht Mitte des 6. Jahrhunderts als Beiname für die erste Person der christlichen Dreifaltigkeit auf. Auch nach der Islamisierung des Landes hat sich das Christentum in Südarabien noch längere Zeit gehalten, aber es war im Rückzug begriffen.[31]

Abschließend ist festzustellen, daß die religiöse Durchdringung des gesamten Lebens des einzelnen und der Gesamtheit es dem Islam leicht gemacht hat, sich im 7. Jahrhundert in Südarabien durchzusetzen. Mohammed selbst soll gesagt haben: „Der Glaube ist jemenisch, die Weisheit ist jemenisch und der Islam ist jemenisch."[32]

[30] Siehe dazu Beeston und Robin a.a.O., ferner Müller Reallexikon, Sp. 314ff.

[31] Siehe Robin, S. 148/49.

[32] Siehe Grohmann Arabien, S. 252, zum Islam im Jemen siehe W. Madelung Jemen-Katalog, S. 172ff.

X. DIE KUNST ALT-SÜDARABIENS

Auch heute noch ist es nicht leicht, einen Überblick über die Kunst Alt-Südarabiens zu geben. Für eine umfassende Analyse und Aussage fehlt es immer noch an Material. Ein Vergleich mit Publikationen über mesopotamische Kunst macht dies deutlich. Für das Zweistromland gibt es eine Unmenge von Gesamtdarstellungen und eine Flut von Einzeldarstellungen. Ganz anders für Südarabien. Die Archäologen, die sich mit diesem Thema beschäftigen, können zwar auf eine große Zahl philologischer und historischer Arbeiten zurückgreifen, aber archäologische Untersuchungen, die materielle Kunst betreffend, gibt es nicht so viele.[1] Irgend jemandem dafür die „Schuld" zuzuweisen, wäre müßig. Die äußeren Verhältnisse im Lande waren schon allein ein Hindernis. Es bleibt zu hoffen, daß die archäologische Feldforschung nach Beendigung des unseligen Bürgerkrieges nunmehr verstärkt die Möglichkeit erhält und auch wahrnimmt, im Lande zu arbeiten.

Im Gegensatz zu Mesopotamien, wo aufgrund der naturgegebenen Situation überwiegend mit Lehmziegeln gebaut wurde, waren die Baumeister im antiken Südarabien in der glücklichen Lage, über reichlich Stein zu verfügen. Dies gilt vor allem für Nordjemen; im Süden, also im antiken Hadramaut, war die Situation nicht ganz so günstig.

1. Die Baukunst

a) Profanbauten

Wenngleich uns eine große Zahl von Stadtnamen[2] bekannt ist, so sind die sichtbaren Überreste solcher Stadtanlagen vielfach doch nicht sehr beeindruckend. Ausgrabungen haben zwar unsere Kenntnisse er-

[1] Siehe dazu de Maigret in „Die Königin von Saba", Hrsg. W. Daum, S. 36, sowie Schmidt, Jemen-Katalog, S. 81.

[2] Es sei nochmals auf die beiden Aufsätze von Beeston verwiesen (s. S. 49, Anm. 108), in denen er die Bezeichnung "capital" oder "urban centers" für die alt-südarabischen Städte ablehnt.

weitert, aber ein Besucher von Marib oder Main wird sicherlich mehr beeindruckt sein durch die Kultbauten, z. B. Tempel, nicht aber durch die Profanbauten der Stadt. Die Stadtmauern, etwa die in Main oder Mayfa'a, bieten hingegen dem Auge etwas.

Vorweg sei gesagt, daß wirklich verwertbare Untersuchungen und Grundrisse immer noch „Mangelware" sind. Vielfach liegt es daran, daß manche Anlagen nur flüchtig untersucht worden sind oder ein Plan anhand unzureichender Luftaufnahmen erstellt wurde. Andererseits sind viele Stadtmauern oder sonstige Gebäude im Laufe der Zeit Opfer des sogenannten „Fortschritts" geworden sind, indem sie als Baumaterial für moderne Bauten benutzt wurden. Schließlich haben die zwei Bürgerkriege ein übriges getan.

Grundsätzlich ist festzustellen, daß das bebaute Areal dieser Städte im Vergleich mit anderen Plätzen im Alten Orient verhältnismäßig klein war. Die größte Stadt in Alt-Südarabien, Marib, bedeckte eine Fläche von 110 ha.[3] Alle anderen wichtigen Städte waren flächenmäßig sogar wesentlich kleiner: Timna etwa 23 bzw. 24 ha[4] und Schabwat ca. 15 ha[5]. Zum Vergleich: Babylon: 850 ha[6], Niniveh: 750 ha[7] und Ktesiphon, die Hauptstadt der Sasaniden, umfaßte immerhin noch 540 ha[8]. Allerdings ist dabei zu berücksichtigen, daß diese Städte in Mesopotamien lagen, also in einem überwiegend ebenen Gelände, wo man sich mehr oder minder unbegrenzt ausdehnen konnte. In Südarabien dagegen mußte man sich wesentlich mehr dem Gelände anpassen. So würde sich ein Vergleich mit der Hethiterhauptstadt Bogazköy in Anatolien, die auf einem unebenen Terrain angelegt war, eher anbieten. Die Größe dieses Stadtgebietes betrug 167,70 ha.[9]

Vielfach, aber durchaus nicht immer, sind die Stadtanlagen rechteckig. Sie wurden häufig im Talboden auf einer natürlichen oder

[3] Müller, EI, Art. VI (1990), Marib, S. 559; Grohmann, Arabien, S. 142: 114 ha und nach von Wissmann, Le Muséon 75 (1962), S. 193 sogar nur 70 ha.

[4] R. Le Baron Bowen jr. in Archaeological Discoveries in South Arabia, S. 76: 50 acre = ca. 20,2 ha; v. Wissmann, Le Muséon 75 (1962), S. 193: 24 ha mit weiteren Größenangaben von anderen Plätzen. Doe, Monuments of South Arabia, S. 126: 16,6 ha, aber S. 129: 37 ha.

[5] Breton, Syria 68 (1991): 15 ha; v. Wissmann a. a. O.: 16 ha.

[6] Die Zahlen stammen von Joan Oates, Babylon (1979), S. 144.

[7] Siehe R. McC. Adams, Land behind Baghdad (1963), S. 72.

[8] Siehe R. Naumann, Architektur Kleinasiens, 2., erweiterte Auf. (1971), S. 213.

[9] So Grohmann, Arabien, S. 140; siehe auch Doe, Monuments of South Arabia, S. 117 ff., wo sich zahlreiche Stadtgrundrisse finden.

künstlich angelegten Erhebung erbaut. Wahrscheinlich wollte man so der Gefahr einer Überschwemmung durch die „Sayls“ (gelegentlich auftretendes starkes Abflußwasser in meist trockenen Wadis) begegnen. Beispiele für solche Stadtgründungen sind u.a. Marib, Sirwah, Main und Timna.[10]

Manchmal lagen Orte unterhalb einer Burg, die in Notzeiten als Fluchtburg dienen konnte, wie etwa Zafar, die Hauptstadt des himyarischen Reiches mit der oft erwähnten Burg Raydan oder Thulla (50 km nördlich von Sana) oder Qana mit seiner Festung Husn al-Ghurab („Rabenfestung“), hoch über dem bekannten Weihrauchhafen thronend.

Selbstverständlich gab es eine große Zahl von Städten, wohl die meisten, die selbst durch starke Mauern geschützt waren. Das Paradebeispiel ist Marib mit seiner ca. 4200 m[11] langen Stadtmauer, die durch zahlreiche Kurtinen, Türme und Stadttore gegliedert war.[12] Das gleiche gilt für Schabwat, das sogar von zwei Verteidigungsmauern umgeben war.[13]

Von den in Inschriften genannten Palästen[14] wissen wir so gut wie nichts. Einzige, lobenswerte Ausnahme bildet die französische Grabung in Schabwa, wo es gelungen ist, in sechs Kampagnen (1980–1985) das sog. „Chateau Royal“ zum größten Teil freizulegen.[15]

Ob wie Breton[16] annimmt, der sog. „Timna Tempel I“, der von den Amerikanern 1950–51 ausgegraben wurde und der in seinen Ausmaßen, seiner Architektur und der angewandten Bautechniken dem

[10] Weitere Beispiele siehe Grohmann a.a.O.

[11] Diese Längenangabe stammt von Breton, ABADY VIII (1994), S. 1989, auf S. 19 gibt Breton weitere Längenangaben für andere Städte; in der deutschen Zusammenfassung heißt es nahezu 4500 m Länge; B. Finster, ABADY III (1986), S. 73ff. in ihrem Beitrag über „Die Stadtmauer von Marib“ nennt überhaupt keine Zahl.

[12] Es sei in diesem Zusammenhang auf das Kapitel „Militärwesen“ verwiesen und das dort wiederholt genannte Werk von Breton.

[13] Siehe dazu C. Darles, Syria 68 (1991), S. 77ff.

[14] Der jemenitische Gelehrte al-Hamdani (gest. 945/46 n. Chr.) hat uns im 8. Band seines Iklîl mehrere Beschreibungen von Schlössern überliefert; siehe D.H. Müller, Die Burgen und Schlösser Südarabiens nach dem Iklil des Hamdani I, ÖAkWS 94 (1879), S. 335ff., II ebd. 97 (1880), S. 955ff. und L. Forrer, Südarabien nach al-Hamdani's Beschreibung der Arabischen Halbinsel, Dt. Morgenl. Ges., Abb. zur Kunde des Morgenl. 27, 3 (1942):

[15] Siehe Breton, Syria 68 (1991), S. 209ff.

[16] S. 222ff.; ebenso M. Jung, AION 48 (1988), S. 186, Anm. 14.

„Chateau" in Schabwa sehr ähnelt, gar kein Tempel, sondern ebenfalls ein Palast ist, diese Frage muß offenbleiben.[17]

Der Höhepunkt alt-südarabischer profaner Baukunst aber bilden wohl die Bewässerungsanlagen, wobei der Damm von Marib an erster Stelle zu nennen ist. Die Bewässerung des Bodens war die entscheidende Voraussetzung für das Gedeihen der Landwirtschaft und damit auch des Landes. Und so war es beinahe selbstverständlich, daß die Architekten und die Baumeister Südarabiens in antiker Zeit Höchstleistungen auf diesem Gebiet vollbrachten. Wie schon an anderer Stelle erwähnt,[18] gab es im übrigen im Gebiet von Marib schon längst vor dem berühmten Damm von Marib Bewässerungsanlagen.

Über diese Anlage selbst ist schon so viel geschrieben worden, daß sich der Verfasser verhältnismäßig kurz fassen kann.[19] Der Damm war schon im Altertum weit über die Grenzen Südarabiens als Weltwunder bekannt. Wann er erbaut wurde, hängt von der jeweiligen „chronologischen Einstellung" des Betrachters ab. Geht man von der „Langen Chronologie" aus, die heute wohl die Oberhand gewonnen hat, so gehören die Anfänge in das 6. Jahrhundert v. Chr.[20] Der Grund für das Errichten des Dammes war die Tatsache, daß die älteren Bewässerungssysteme in der Oase von Marib aus dem späten 3. Jahrhundert v. Chr. nicht mehr genügten. Die Bewässerungssedimente waren so angewachsen, daß die bestehenden Anlagen nicht mehr ausreichten. Deshalb wurde das Wadi Dhana an seiner engsten Stelle abgesperrt und ein ca. 680 m langer Damm errichtet. Er bestand aus Erde und Ablagerungen, die mit unbehauenen Steinen in Verbindung mit Mörtel verkleidet wurden. Seine Höhe betrug bis zu 18 m, und an der Basis war er wenigstens 60 m breit. Am Nord- und Südende baute man

[17] So halten die Ausgräber (s. Van Beek, The Biblical Archaeologist XV [1952], S. 10ff. und W. Philipps, Kataba und Saba [1955], S. 153ff.) und ursprünglich auch Doe, Südarabien, S. 221ff. (jetzt aber „Palast" s. PSAS 14 [1984], S.21) die Anlage für einen Tempel, während Jamme, BASOR Nr. 138 (1955), S. 39 sie für ein öffentliches vom König genutztes Gebäude hält.

[18] Siehe S. 47/8.

[19] Am besten informieren die „Archäologischen Berichte aus dem Yemen" des Deutschen Archäologischen Instituts in Sanaa. Weiter gibt der Artikel von Müller in EI VI (1990), S. 559ff. ergänzende Informationen; ebenso liefert der Aufsatz von J. Schmidt im Jemen-Katalog, S. 57ff. „Die sabäische Wasserwirtschaft von Marib" einen guten Überblick.

[20] So Schmidt, Jemen-Katalog, S. 60, ebenso v. Wissmann, ANRW II. 9.1, S. 355.

zwei gewaltige Schleusen, wobei die im Norden die größere war. An diese Schleusen angeschlossene Wasserverteilungskanäle sorgten für den Transport des Wassers auf die Felder. Insgesamt wurde auf diese Weise eine Fläche von 9600 ha bewässert. Der Damm war in erster Linie dafür gedacht, das Wasser der Sayls, die mit großer Geschwindigkeit auf den Damm trafen, aufzufangen, zu beruhigen und dann zu verteilen. Schmidt[21] spricht in diesem Zusammenhang von Abflußspitzen von 1000 m^3/sec, und in Extremfällen hätte das Hochwasser sogar 1700 m^3/sec erreichen können. Jedenfalls war die gesamte Anlage bis in das letzte Detail durchdacht, war also ein Meisterwerk antiker Bau- und Ingenieurkunst. Allerdings setzte sie, was das Funktionieren anbetraf, einen mehr oder minder intakten Staat voraus. Denn bei eventuellen Störungen, sprich Dammbrüchen, war der von oben her angeordnete Einsatz von großen Menschenmengen erforderlich. Im Jahre 450 konnten noch bei dem zweiten Dammbruch 20000 Mann für Reparaturarbeiten eingesetzt werden. Auch der Dammbruch im Jahre 542 wurde noch repariert. Erst die letzte Katastrophe zwischen 575 und 580 brachte das Ende dieses „Weltwunders“, weil das sabäohimyarische Reich am Zerfallen war.[22] Anschließend seien nochmals die Bewässerungssysteme um Timna und Schabwat genannt.[23] Neben diesen großen Anlagen gab es aber auch eine Unmenge von kleineren Anlagen in Form von Brunnen, Zisternen und Staudämmen,[24] die der Bewässerung dienten.

Ein weiterer Sektor der Baukunst waren die Straßen.[25] An erster Stelle ist der Mablaqah-Paß zu nennen, der vom Wadi Beihan in das Wadi Harib führte, also im Reich von Qataban lag. Es handelt sich bei diesem Paß um eine 3–4 Meilen (4,8–6,4 km) lange gepflasterte und ca. 10–12 Fuß (3,50–3,65 m) breite Straße. Die Pflasterung bestand aus sehr großen Steinen mit Randsteinfassung. Der Scheitel des Paßweges war auf einer Länge von 100 Fuß (30,5 m) und in einer Tiefe von 30 Fuß (9,14 m) in den Felsen gehauen. N. St. I. Groom,[26]

[21] Siehe Jemen-Katalog, S. 62.

[22] Siehe hier S. 71/2.

[23] Siehe den Bericht von P. Gentelle in Syria 68 (1991), S. 5ff.

[24] Siehe dazu Grohmann, Arabien, S. 148ff.; weiter die verschiedenen Berichte über Wasserwirtschaft in den Bänden von ABADY; für Dämme, siehe Doe, Monuments of South Arabia, S. 184ff. Für Datierung der Tanks in Aden fehlt es an jeglichem Anhaltspunkt.

[25] Siehe Grohmann, S.146ff.

[26] Siehe bei G. Ryckmans, Le Muséon 62 (1949), S. 74/5 und in PSAS 6 (1976), S. 69ff.; siehe weiter Grohmann, Arabien, S. 146 und v. Wissmann,

auf dessen Bericht hier zurückgegriffen wird, geht davon aus, daß diese Straße eine der Hauptrouten der Weihrauchstraße darstellte.[27] Nicht weit entfernt kennen wir eine weitere, allerdings kürzere gepflasterte Straße im Wadi Harib, die durch den Nagd-Marqad-Paß führte.[28] Wir wissen darüber hinaus von weiteren Straßen, die sicherlich vielfach den antiken Verlauf der „Weihrauchstraße“ markieren.[29]

Im Zusammenhang mit den Straßen sei hier auch auf die Sperrmauern verwiesen, die man auf diesen Straßen entdeckt hat. Das großartigste Beispiel ist die Mauer von Libna[30] nördlich des Hafen von Qana. Durch eine Inschrift (RES 2687)[31] im Torweg sind wir über den Zweck der Anlage unterrichtet. Sie wurde von einem Herrscher des Hadramaut als Schutz gegen die Himyaren errichtet, die den wichtigen Hafen von Qana erobert hatten. Die Datierung der Inschrift und damit auch der Mauer ist umstritten; sie reicht vom 5. Jahrhundert über das 3. bis 10. Jahrhundert v. Chr.[32] Die Mauer hatte eine Länge von knapp 180 m und eine Höhe von 5 m.[33] Sie war aus gut behauenen Kalksteinblöcken errichtet[34] und besaß lediglich ein Tor. Von Wiss-

Beiträge, S. 263/4, allerdings stimmen hier die Maßangaben nicht. v. Wissmann hat die Fußmaße von Groom einfach in Meter umgewandelt. Zwei Photos von der Paßstraße finden sich bei Lankester Harding, Archaeology in the Aden Protectorates, Pl. XL VII, S. 4 u. 5. Durch im Paß angebrachte Inschriften kennen wir sogar den Namen des Baumeisters, Awsam bin Yasurram, und den antiken Namen des Passes: Mablaqat.

27 Siehe PSAS 6 (1976), S. 69ff.

28 Photos dieser Paßstraße siehe Lankester Harding XLIX, S. 1–5.

29 Siehe Grohmann, Arabien, S. 146/7, vor allem mit Hinweisen auf die Surveys von v. Wissmann; siehe auch M. Gering in ABADY I (1982), S. 43.

30 A. v. Wrede, der die Mauer 1843 als erster Europäer sah, nannte den Platz Obne, spätere Besucher kannten sie unter dem Namen Libna. Nach Doe, Südarabien, S. 182 lautet der korrekte Name aber al-Mabna; es finden sich aber auch die Namen el-Bana oder Qalat.

31 Eine Übersetzung findet sich bei Doe, Südarabien, S. 183.

32 v. Wissmann, Beiträge, S. 314: vor dem Ende des 5. Jh. v. Chr., in ANRW II 9.1, S. 448: 10 v. Chr.; Grohmann, Arabien, S. 155: 3. Jh. v. Chr.

33 So Doe, Südarabien, S. 184, ebenso Grohmann a. a. O., v. Wissmann, Beiträge, S. 312: bis 7 m. Im Gegensatz zu Doe hat v. Wissmann den Platz nicht selbst besucht.

34 Während v. Wissmann und Grohmann schreiben, daß die Blöcke mit zementartigem Mörtel verbunden gewesen sein sollen, gibt Doe (S. 183) an, daß die Blöcke ohne Bindemittel aneinandergefügt gewesen seien. Zwei ausgezeichnete Aufnahmen der Mauer finden sich bei Doe, T. 78/80.

mann und Doe berichten von weiteren Sperrmauern, wenngleich auch nicht so großen.[35]

Zusammenfassend ist für die Profanarchitektur Alt-Südarabiens festzustellen, daß die Architekten und Baumeister der damaligen Zeit Beachtliches geleistet haben, vor allem beeindruckt die Vielfalt der verschiedenen Arten der Profanarchitektur.

b) Sakralarchitektur

Was die Architekturdenkmäler anbetrifft, so sind die Tempel sicherlich mit die bedeutendsten Denkmäler, sofern sie noch einigermaßen erhalten sind. Dennoch reicht der gegenwärtige Denkmälerbestand, wie J. Schmidt[36] zu Recht bedauert, noch bei weitem nicht aus, um eine umfassende Typologie aufzustellen. Insofern ist die von Grohmann (1963)[37] publizierte Einteilung nach Grundrißformen mit „Vorsicht zu genießen". 1988 hat dann M. Jung[38] erneut den Versuch gemacht, eine typologische Klassifizierung der Sakralbauten Südarabiens vorzunehmen. Jung konnte aufgrund der in der Zwischenzeit verbesserten Fundsituation auf eine größere Anzahl sakraler Bauten zurückgreifen und somit zu konkreteren und differenzierteren Ergebnissen kommen. Aber auch er muß zugeben, daß es noch große Lücken in unserem Kenntnisstand gibt. Auch geht er bei seinen Datierungen noch von der „kurzen Chronologie" aus,[39] die inzwischen

[35] Siehe Beiträge, S. 313; Doe, Monuments of South Arabia, S. 182, 184.

[36] Siehe ABADY I; S: 161; in diesem Zusammenhang sei festgestellt, daß die Kritik von Pirenne (Syria 61 [1984]), S. 119ff. an diesem Band und besonders an dem Aufsatz von Schmidt über die Tempelarchitektur m. E. über das Ziel hinausschießt („Apparemment peu familiarisé avec la véritable pratique funéraires des Sud-Arabes anciens, J. Schmidt nous présente ..."). Die Ironie des Schicksals wollte es wohl, daß die Kritik von Pirenne an der „langen Chronologie" von v. Wissmann (siehe Syria, S. 130ff.) sich bald danach als falsch erweisen sollte und manche ihrer „Mitstreiter" über die Jahre nunmehr aufgrund neuer archäologischer Funde für die „lange Chronologie" plädieren.

[37] Arabien, S. 157ff.

[38] "The Religious Monuments of Ancient Southern Arabia. A Preliminary Typological Classification" in AION 48 (1988), S. 177ff. Bei dem Aufsatz handelt es sich um die Zusammenfassung der Dissertation des Verf. aus dem Jahre 1986.

[39] Siehe S. 203ff.

nicht mehr weit verbreitet ist. Allgemein folgt er der Schmidtschen Einordnung der Tempel, nimmt aber eine weitere Unterteilung vor.

Grundsätzlich ist zu beachten, daß es vor den großartigen Tempelanlagen einfachere Vorläufer gegeben hat, die kultischen Zwecken dienten. Schmidt[40] hat sicherlich Recht, wenn er gewisse Parallelen mit der Entwicklung der Bewässerungsanlagen sieht und daher die Anfänge der Sakralarchitektur in das 3., auf jeden Fall aber in das 2. Jahrtausend v. Chr. zurückverlegt. Als Gebiet für diese frühen kultischen Monumente zieht er die Gebirgszüge westlich von Marib und die Hochtäler bis in das Innere der Gebirgsregion in Betracht, d. h. Gebiete abseits der an den großen Verkehrswegen liegenden Städte.[41]

Stelenartige Monolithe oder Steinsetzungen dürften am Anfang dieser Entwicklung gestanden haben.[42] Jung[43] klassifiziert diese frühe Stufe als „Felsheiligtümer“ (Rock Sanctuaries). Später wurden diese Monumente eingefriedet, es bildete sich ein „heiliger Bezirk“ heraus. Einen weiteren Schritt markieren Anlagen mit gegliedertem und ungegliedertem Grundriß, wobei diese ein- oder mehrräumig waren.[44] Für alle war ihr hypäthraler (nach oben offener) Charakter typisch. Hieraus entwickelten sich dann Gebilde, die Schmidt als „kanonischen Typ des klassischen sabäischen Tempels“ bezeichnet.[45] Grundprinzip war der nach außen geschlossene, langrechteckige Baukörper mit einem dominierenden hypäthralen, säulenbegrenzten Hof und der dreigeteilten Cella. Beides – Material und Technik – war in dieser Phase bereits reicher entwickelt. Als Beispiele nennt Schmidt den Tempel des Wadd (zwischen Marib und Sirwah gelegen),[46] den er in das frühe 7. Jahrhundert v. Chr. datiert, sowie den Tempel von Masajid (27 km südlich von Marib),[47] der dem Gott Almaqah geweiht war und von Schmidt als Nachfolgebau des Waddtempels angesehen wird.

[40] Jemen-Katalog, S. 81.

[41] Siehe Jemen-Katalog, S. 81, ähnlich Jung, S. 182.

[42] Siehe Schmidt, Jemen-Katalog, S. 82, ABADY IV (1987), S. 143 ff.

[43] S. 179 ff.

[44] Für Beispiele siehe Schmidt in beiden Werken. Bei Jung, S. 179 ff. folgt auf Kategorie A “Rock Sanctuaries” die Stufe B “Sanctuaries with rectangular ground plan”, wobei diese Kategorie wiederum untergliedert ist.

[45] So Schmidt, Jemen-Katalog, S. 83. Für diesen Abschnitt wurde ebenfalls eine Göttinger Magisterarbeit herangezogen: „Der Tempel und seine Bedeutung im Alt-Südwestarabischen Kulturraum“ (1981) von Frau Regina Heck.

[46] Siehe ABADY I (1982), S. 91 ff. und IV (1987), S. 179 ff.

[47] Siehe ABADY I (1982), S. 135 ff.

Den bekannten Awam-Tempel in Marib zählt Schmidt[48] ebenfalls zu diesem sabäischen Tempeltyp,[49] wobei er nur die mutmaßlich ältesten Bestandteile der Anlage zugrunde legt. Ebenso reiht er den sog. Bar'ãn-Tempel (heute arsch-Bilqis oder al-'Amã'id) mit seinen fünf Monolithpfeilern in die Gruppe der sabäischen Rechtecktempel ein. Für letzteren Bau bleibt zu hoffen, daß die neuen deutschen Grabungen etwas mehr Klarheit schaffen. Laut B. Vogt[50] legten die Ausgrabungen unter der wohl aus dem 7. Jahrhundert v. Chr. stammenden Plattform des Tempels sowie unter dem etwas später angefügten Vorhof ausschnitthaft die Reste eines Vorgängerbaues frei.

Diesem sabäischen Tempeltyp[51] stellt Schmidt einen Typ gegenüber, der einem anderen Grundriß- und Raumschema folgt und in erster Linie aus dem minäischen Dschauf und später auch aus Qataban bekannt ist. Er tritt in zwei Erscheinungsformen desselben Grundbauplanes auf: einmal ist es ein ungegliederter Rechteckbau mit sechs bis acht Stützpfeilern. Als Vertreter dieses Bautyps nennt Schmidt den sogenannten Stadttempel von Main, den zwei Reihen von je drei Stützpfeilern kennzeichnen, und die Anlage von Husn al-Qays[52] im Hadramaut mit ebenfalls sechs Pfeilern. Die andere Erscheinungsform ist der „Vielstützentempel" mit richtungslosem Grundriß, vielfach quadratisch, mit Multiplizierung der Joche und mit einer großen Anzahl von Stützpfeilern. Beispiele sind u. a. der minäische Tempel von asch-Schaqab[53] (bei Baraqisch) mit 35 Pfeilern und ein weiterer in Husn al-Qays mit 16 Pfeilern. Auch der von den Italienern vor einigen Jahren freigelegte 12 Pfeilertempel in Baraqisch (dem antiken Yatill im minäi-

[48] Siehe ABADY I (1982), S. 165. Schmidt nimmt an, daß der sog. Eingangshalle des Heiligtums ein älterer Bau, ein Rechtecktempel vom Hypäthraltyp, zugrunde liegt, an den der ovale Mauerring später angeschlossen wurde; ähnlich Jung, S. 202, der diese Anlage in Kategorie C2 "Enclosures with monumental annexe" einordnet.

[49] Dieser Typ findet sich einmal auch im minäischen Gebiet; es handelt sich dabei um den Attar-Tempel RASF bei Main.

[50] Siehe Jemen-Report, Jg. 27, Heft 1 (1996), S. 8.

[51] Siehe Jemen-Katalog, S. 85, ABADY I, S. 165 ff.

[52] Siehe aber die anschließenden Ausführungen über die Tempel im Hadramaut: Danach würde der Verf. diese Anlage zu den hadramautischen „Terrassentempel" zählen.

[53] Nähere Einzelheiten zu diesem Tempel finden sich in dem Bericht von C. Robin; J.-F. Breton und R. Audouin in Syria 56 (1976), S. 425 ff. und Robin in CRAI 1979, S. 193 ff. sowie Jung, S. 196.

schen Reich), der dem Gott Nakrah geweiht war, dürfte in diese Gruppe gehören.[54]

Meines Erachtens ist neben diese beiden Grundtypen von Schmidt – dem sabäischen Hypäthraltempel mit innerem Peristyl und dreigeteilter Cella und dem minäischen Typ mit überdecktem Sechspfeilerbau bzw. als Steigerung der „Vielstützentempel“ – ein weiterer Typ zu stellen, nämlich der hadramautische „Terrassentempel“. Die französische Mission unter Leitung von Breton hat in den Jahren 1978/79[55] sieben Tempel entdeckt, die sich alle durch eine monumentale Treppe auszeichnen, die auf eine eingefriedete Terrasse, einen Temenos, führte, auf der sich die Cella befand. Das Innere dieser Cella ist bei allen Tempeln gleich gegliedert: Auf der Schmalseite des Gebäudes in der Hauptachse der Cella befand sich ca. 1 m breit der Eingang, an der Rückwand befand sich ein Podium und zwei Säulenreihen. Die ganze Anlage war so angelegt, daß sie von weithin sichtbar war. Die Konzeption: monumentaler Aufgang, Terrasse und Cella unterscheiden diese sieben Anlagen deutlich von dem sabäischen und minäischen Tempeltyp.

Schmidt teilt die sakrale Baukunst Südarabiens in drei große Abschnitte oder Stilstufen[56] ein: die Frühzeit, in der sich langsam eine eigenständige Formensprache entwickelt, gefolgt von einer Epoche der Vervollkommnung bis zur klassischen Höhe und schließlich ein Abschnitt, in dem sich Fremdeinflüsse bemerkbar machen. In dieser Zeit finden sich zunehmend Formen hellenistisch-römischer Herkunft in der südarabischen Kunst. Jung[57] betont darüber hinaus vor allem die ägyptischen Einflüsse auf die südarabische Tempelarchitektur. Grundsätzlich ist zu sagen, daß sicherlich Einflüsse von benachbarten Kulturen ausgegangen sind, daß man andererseits aber diese Vergleiche nicht übertreiben sollte. So ist etwa der Vergleich des ovalen Awam-Tempel in Marib mit Bauten in Simbabwe doch etwas weit hergeholt. Dasselbe gilt für den Vergleich mit dem bekannten Tempeloval in Chafadje in Mesopotamien.[58]

[54] Siehe de Maigret, PSAS 21 (1991), S. 159ff.; einen weiteren dem Nakrah geweihten Tempel entdeckten die Franzosen in der Nähe von Baraqisch bei Darb as-Sabi, siehe Robin, Breton und J. Ryckmans in Raydan 4 (1981), S. 249ff.

[55] Siehe zu diesen Surveys Breton, Syria 56 (1979), S. 427ff., PSAS 10 (1980), S. 5ff., CRAI (1980), S. 57ff.; in Raydan 2 (1979), S. 185ff. findet sich ein Bericht über die Ausgrabung eines dieser Tempel, dem von Ba-Qutfah.

[56] In ABADY I (1982), S. 169 spricht er noch von Stilstufen. Im Jemen-Katalog (1987), S.97 dagegen erscheint es ihm verfrüht, eine Einteilung nach Stilstufen vorzunehmen.

[57] S. 207ff.

[58] Siehe bei Jung, S. 210.

Dieser dritte Abschnitt und seine Schöpfungen sind nach Schmidt aufgrund von bekannten Bezugsebenen in der Kunstlandschaft der antiken Mittelmeerländer noch zeitlich am besten zu datieren und einzuordnen. Dagegen bedarf es für die beiden vorhergehenden Abschnitte noch viel Arbeit, es muß eine allgemein verbindliche Chronologie erarbeitet werden, die es erlaubt, die verschiedenen Denkmäler in diese Chronologie einzuordnen. Es bleibt zu hoffen, daß, nachdem sich offenbar die „lange Chronologie" durchgesetzt hat, der erste Schritt in diese Richtung getan worden ist.

2. *Plastik*

Die Existenz von Plastik und auch Großplastik[59] im antiken Südarabien ist uns schon durch al-Hamdanis Buch ›Iklîl‹[60] überliefert. Leider ist die heutige Fundlage sehr dürftig. Vielfach waren es Zufallsfunde oder unsachgemäße Grabungen, die eine exakte Schichtenzuordnung schwierig machten. „Selbstverständlich" verhinderte die Diskussion um die verschiedenen Chronologien eine sichere absolute Datierung. K. Parlasca[61] erwähnt in diesem Zusammenhang die Datierung des bekannten Bronzepferdes in der Dumberton Oaks Collection, die zwischen dem 6.–5. Jahrhundert v. Chr. und dem 5.–6. Jahrhundert n. Chr. schwankt.[62]

Zur Beurteilung der Probleme ist erst einmal davon auszugehen, daß das antike Südarabien niemals politisch zu einem der hellenisti-

[59] Unter Großplastik wird hier jede Figur verstanden, die größer ist als die halbe Lebensgröße eines Menschen, also etwa größer als 80–85 cm. Diese Größenzuordnung geschieht in Anlehnung an den Unterschied zwischen Statue und Statuette. Siehe dazu U. Jantzen, dtv-Lexikon der Antike, Kunst, Bd. 2 (1970), S. 293.

[60] Siehe S. 105, Anm. 14 in „Kunst Alt-Südarabiens".

[61] Siehe in L'Arabie préislamique S. 281, 285. Dieser Aufsatz „Bemerkungen zu den archäologischen Beziehungen zwischen Südarabien und dem griechisch-römischen Kulturkreis" nebst dem Beitrag von Almut Hauptmann-v. Gladiss „Probleme altsüdarabischer Plastik" in Baghdader Mitt. 10 (1979), S. 145 ff. und dem von E. Will „De la Syrie au Yemen: Problèmes de relations dans le domaine de l'art" in L'Arabie préislamique, S. 271 verschaffen einen guten Einstieg in die Problematik. Schließlich sei noch hingewiesen auf Grohmann, Arabien, S. 218 ff. (wenngleich schon etwas veraltet), auf Pirenne, La Grèce et Saba, S. 139 ff. sowie auf Doe, Südarabien, S. 111 ff.

[62] Siehe dazu auch Pirenne, S. 151/2.

schen Staaten oder zum römischen Reich gehörte. Der einzige Versuch einer ausländischen Macht, sich in Südarabien festzusetzen, geschah durch den römischen Feldzug des Aelius Gallus 25/4 v. Chr. Bekanntlich scheiterte dieser Versuch. Die zeitweiligen Eroberungen Südarabiens durch die Abessinier und Perser bleiben hier unberücksichtigt, weil sie am Ende der Geschichte Alt-Südarabiens liegen. Andererseits bedeutete dies nicht, daß die Kunst dieses Gebietes deshalb „rein" südarabisch war, was immer das auch bedeuten mag. Durch den Handel zu Lande und zu Wasser bestanden vielfache Beziehungen zu den mediterranen Ländern und zu Indien. Diese Beziehungen und Verbindungen hinterließen aber auch kulturelle, künstlerische Nachwirkungen. So gibt es eine Zahl von Importfunden oder Fälle von künstlerischer Beeinflussung. Genauso aber wie bei der Datierung schwankt auch hier die Beurteilung beachtlich. Mit anderen Worten: Die Probleme der alt-südarabischen Kunst sind vielschichtig.

Die bekanntesten Beispiele südarabischer Großplastik sind zweifellos die beiden überlebensgroßen (2,37 m bzw. 2,38 m) Bronzestatuen, die 1931 durch die Grabung des damaligen Kronprinzen Sayf al-Islâm Ahmad in Nachlat al-Hamra (südlich des Djebel Kanin, östlich der Straße Sanaa–Damar) ans Tageslicht kamen. Damals waren es nur die Fragmente, heute stellen sie die Prunkstücke des Nationalmuseums in Sanaa dar. Wie kam dies zustande? Durch ein Kulturhilfeabkommen zwischen dem Yemen und der Bundesrepublik Deutschland. In fünfjähriger Arbeit wurden die Fragmente im Römisch-Germanischen Zentralmuseum in Mainz restauriert und zusammengesetzt.[63] Es handelt sich bei den unbekleideten Figuren um zwei himyarische Herrscher, Vater und Sohn. Die Inschriften auf den beiden Statuen tun kund, daß der Vater König Dhamar ʿaliy Yuhabirr diese Figuren drei Männern gestiftet hat, die demselben Clan angehören.

Am interessantesten sind aber zwei weitere Inschriften auf den Knien der Statue des Sohnes. Sie kamen erst bei den Restaurierungsarbeiten in Mainz zum Vorschein. Die eine Inschrift war in griechischer Schrift und Sprache abgefaßt. Sie besagt, daß ein griechischer Künstler namens Phokas dieses Standbild angefertigt hat. Die andere Inschrift in sabäisch nennt den einheimischen Assistenten Lahay

[63] Eine sehr gute Darstellung dieser Restaurierungsarbeiten und ihrer Probleme findet sich bei K. Weidemann, Könige aus dem Yemen (1983). Weiter siehe K. Parlasca, S. 283–285; E. Will, S. 271 ff.

'amm, der die Teile der Statue zusammengesetzt hat.[64] Die Datierung der beiden Statuen schwankt bei den einzelnen Forschern; sie reicht grob gesprochen vom 2. Jahrhundert bis in das Ende des 3. Jahrhunderts n. Chr.[65]

Wir haben hier also eine Gemeinschaftsarbeit eines griechischen und eines einheimischen Künstlers vor uns: ein einmaliger Fall.[66] Es ist davon auszugehen, daß diese Statuen in Südarabien gefertigt wurden, wobei es sich bei Phokas wohl um einen „Wanderarbeiter" handelte, um einen griechischsprechenden Künstler, der vielleicht aus dem Ostteil des römischen Reiches stammte.[67] Südarabien verfügte nämlich über einen traditionsreichen Metallguß,[68] so daß nicht von einem Importstück ausgegangen werden muß. Beweis für diese Tradition sind zahlreiche andere Metallarbeiten, die bei Grabungen gefunden wurden. In erster Linie sind es die amerikanischen Grabungen in Timna und Marib, die weitere Funde an Groß- und Kleinplastik hervorgebracht haben, neuerdings kennen wir auch durch die französischen Grabungen in Schabwa einige Bronzefunde.[69]

Bei diesen Stücken, ob Groß- oder Kleinplastik, ist sehr häufig der Einfluß „ausländischer" Vorbilder zu erkennen. So entsprechen die oben vorgestellten zwei Großplastiken deutlich dem Typus, der bei der Darstellung römischer Kaiser üblich war. Die Bronzebilder, die man in der Eingangshalle des Awamtempels in Marib gefunden hat,[70] weisen wiederum kypro-phönizische Einflüsse auf.[71] Auch die in Timna gefundenen Skulpturen sind ein Beweis für fremde Einflüsse. Es sei nur auf das bekannte Löwenpaar mit reitenden nackten Knaben hingewiesen, das in der Forschung Anlaß zu vielen Diskussionen gegeben hat. Hellenistische Einflüsse sind hier nicht zu über-

[64] Die Lesung bei Weidemann, S. 18 ist nicht ganz korrekt; siehe Müller PSAS 9 (1979), S. 79.

[65] Siehe dazu Weidemann, Parlasca, Will und Müller a. a. O.

[66] So Weidemann, S. 18; möglicherweise gibt es aber durch einen Fund in Schabwa einen Parallelfall. Dort wurde das Fragment eines Bronzepferdes gefunden. Teile der südarabischen Inschrift deuten auf einen einheimischen Gießer hin, aber der Künstler könnte aus dem mediterranen Raum stammen. Siehe R. Andouin, Syria 68 (1991), S. 175, 181.

[67] So Weidemann a. a. O., Parlasca, S. 284.

[68] So Hauptmann-v. Gladiss, S. 166.

[69] Siehe Andouin, Syria 68 (1991), S. 174ff.

[70] Siehe Abb. in Archaeological Discoveries in South-Arabia, S. 283ff.

[71] Siehe Hauptmann-v. Gladiss, S. 146/7, mit zahlreichen weiteren Literaturhinweisen.

sehen,[72] wenngleich das Paar aufgrund der an der Basis angebrachten südarabischen Inschriften im Lande selbst angefertigt sein dürfte. Die Beispiele, wo fremde Einflüsse zu erkennen sind, ließen sich ohne große Mühe noch vermehren. Andererseits gibt es auch Fundstücke, bei denen es sich mehr oder weniger eindeutig um Importware handelt. Erwähnt sei nur die Statuette eines spartanischen Kriegers, die 1939 in al-Barira im Hadramaut gesehen wurde, dann in einer Privatsammlung verschwand und schließlich 1986 bei einer Auktion in London wiederauftauchte. Die wohl in die zweite Hälfte des 6. Jahrhunderts v. Chr. zu datierende Figur stammt vermutlich aus einer lakonischen Werkstatt.[73] Ferner sei hier auf die in Chor Rori, dem antiken Sumhuram an der Küste des heutigen Oman gefundene Bronzestatue einer Tänzerin verwiesen, die zweifelsfrei ein Import aus Indien ist.[74]

Neben Bronze ist es vor allem der Wertstoff Alabaster, der in der Plastik Verwendung fand. In den Alabasterköpfen, wie sie z. B. im Museum für islamische Kunst in Berlin[75] zu sehen sind, haben wir klassische alt-südarabische Werke vor uns. Ihre Merkmale sind kubische Grundformen, zurückhaltende plastische Eingriffe, isolierte Gestaltungen der einzelnen Teile des Gesichtes, womit ein zeitloses Erscheinungsbild der dargestellten Person vermittelt werden soll. Almut Hauptmann-v. Gladiss spricht von formelhaften Darstellungen, die frontal auf den Beschauer ausgerichtet sind. Sie sieht Verbindungen zur traditionellen ägyptischen Bildhauerarbeit mit ihrer kubischen Grundform, daneben aber auch parthisch-palmyrenische Einflüsse.[76] Zu erwähnen bleibt schließlich noch ein Fund in Marib von 15 vollplastischen Marmorstieren bzw. Stierköpfen[77]

[72] Siehe Will, S. 272/73 und Parlasca, S. 282/3, beide in „L'Arabie préislamique", B. Segall in Archaeological Discoveries, S. 155 ff., Pirenne, Qataban, S. 45 ff.

[73] Siehe zu diesem Fund Parlasca, S. 284, Grohmann, Arabien, S. 231; eine sehr schöne Aufnahme findet sich im Jemen-Katalog, S. 45 ff.

[74] Siehe F. P. Albright, The American Arch. Expedition in Dhofar, Oman 1952–1953, Publ. of the American Foundation for the Study of Man, Vol. VI (1982), S. 101, nr. 137, Abb. Pl. 32, Fig. 58; Höfner, AfO 17 (1954–1956), S. 470.

[75] Siehe Tafel 28, 1–4 bei Hauptmann-v. Gladiss.

[76] S. 156/7, 164 ff.

[77] Siehe F. P. Albright in Archaeological Discoveries in South Arabia, S. 273, Nr. 49–63.

3. *Kleinkunst*

Unter diesen Begriff fallen die verschiedensten Kunsterzeugnisse[78] wie etwa Grabstelen aus Alabaster, Marmor- und Alabasterbüsten, Flachreliefs, Bukranien, Kapitelle innerhalb eines Architekturverbundes, Metallschalen, Schmuck und schließlich auch Wandmalereien.[79] Im Rahmen der Kleinkunst sind besonders die geradezu sensationellen Funde zu erwähnen, die in der 1984 entdeckten Nekropole von Hajar am-Dhaybiyya im Wadi Dura (Hadramaut) gemacht wurden.[80] Sie bereichern unsere Kenntnisse über die alt-südarabische Kleinkunst enorm.

Interessant sind in diesem Zusammenhang auch die Beobachtungen und Feststellungen der französischen Ausgräber in Schabwa. Im Vergleich zu anderen früheren Grabungen ist dieses Unternehmen, das von 1975 bis 1987 andauerte, doch unter anderen Voraussetzungen und Fragestellungen durchgeführt worden. Dies beinhaltet keine Kritik an den Methoden zeitlich älterer Grabungen, sondern es wird lediglich festgestellt, daß die Grabungstechniken, die Methoden und die Betrachtungsweise sich fortentwickelt haben. Das beste Beispiel liefert die Archäologie in Mesopotamien.

Im antiken Schabwa lassen sich etwa verschiedene zeitliche Phasen der fremden Einflußnahme auf die Kunsterzeugnisse sowie deren Wirkung auf verschieden Bereiche erkennen.[81] So ist der fremde Einfluß auf dem Gebiet des Dekors, der Keramik, der Ikonographie und der Münzprägung stärker als im Bereich der Religion, der Stadtplanung oder der Bautechniken.

[78] Siehe zu den verschiedenen Kunsterzeugnissen Grohmann, Arabien, S. 238ff.

[79] Beispiele haben die französischen Grabungen in Schabwa erbracht, siehe R. Audouin, Syria 68 (1991), S. 167ff. und auch die Grabung von v. Wissmann und C. Rathens im Tempel von Huqqa, siehe dazu Rathens – v. Wissmann, Vorislamische Altertümer. Rathens – v. Wissmannsche Südarabienreise, Bd. 2 (1932), S. 57ff., Fig. 25, 26.

[80] Siehe J.-F. Breton – M. ʿAbd al-Qãdir Bãfaqîh (Hrsg.), Trésors du Wãdî Dura (République du Yemen. Fouille franco-yéménite de la nécropole de Hajar am-Dhaybiyya. Institut Français d'Archéologie du Proche-Orient. Bibliothèque Archéologique et Historique, Bd. CXLI (1993). Eine ausführliche Besprechung dieses Buches von W. W. Müller findet sich in AfO 42–43 (1995/96), S. 296ff.

[81] Siehe dazu die Aufsätze von Breton in L'Arabie préislamique, S. 173ff.; Andouin, Syria 68 (1991), S.165ff. und E. Will, S. 183ff.

Abschließend ist zu dem Punkt einer chronologischen Einordnung der Kleinkunst aber zu sagen, daß wir noch weit davon entfernt sind, eine Entwicklungsgeschichte der verschiedenen Erscheinungsformen dieser Kleinkunst erkennen zu können. Dazu bedarf es vor allem mehr stratigraphisch gesicherter Grabungen, die dann absolute Chronologien liefern. Dennoch ist der Versuch der Franzosen ein erster Schritt. C. Rathjens[82] hat vor vielen Jahren hinsichtlich einer Anzahl von Porträtköpfen, die sich im Museum für Völkerkunde in Hamburg befinden, eine Klassifizierung versucht. A. Hauptmann-v. Gladiss[83] hat aber wohl nicht unrecht, wenn sie feststellt, daß Rathjens zwar verschiedene plastische Stufen hat herausarbeiten können, aber einen Ansatzpunkt für eine Entwicklungsgeschichte alt-südarabischer Plastik auch nicht liefern konnte.

4. Münzen

Was die Münzen anbetrifft, so sind die Menschen in Südarabien durch den Handelsverkehr zu Lande und zu Wasser sicherlich frühzeitig mit Münzgeld in Berührung gekommen.[84] Ein genaues Datum zu nennen ist jedoch nicht möglich. Wenn davon ausgegangen werden kann, daß die ersten Münzen überhaupt aus dem Anfang des 7. Jahrhundert, und zwar aus Lydien stammen,[85] so hat man einen gewissen Anhaltspunkt. Grundsätzlich ist vorweg festzustellen, daß unsere Kenntnisse des alt-südarabischen Münzwesens noch sehr unvollkommen sind. Das liegt u.a. auch daran, daß viele der Münzen aus dem Handel stammen und eine genaue Herkunftsangabe meistens

[82] Siehe Sabaeica (1955), Teil 2, S. 86ff.

[83] Siehe Baghdader Mitt. 10 (1979), S. 147; siehe auch den Aufsatz von P. Costa in Yemen. Studi archeologici, storici e filologici sull'Arabia meridionale 1 (1992), S. 19ff., wo sich wichtige Hinweise zu einigen ikonographischen Motiven der alt-südarabischen Kunst finden.

[84] Siehe dazu G. Dembski „Die Münzen der Arabia Felix" in Jemen-Katalog, S. 132ff., derselbe in A. Janata (Hrsg.), Yemen: Im Land der Königin von Saba (1989), S. 106; weiter G. F. Hill, Proceedings of the British Academy 1915–1916, S. 79ff., derselbe, Catalogue of the Greek Coins of Arabia, Mesopotamia and Persia, British Museum (1922), S. LVII, 54; Pirenne, La Grèce et Saba, S. 162ff.; A. K. Irvine, Journal of the Royal Asiatic Society (1964), S. 18ff.; Doe, Südarabien, S. 121ff.; S. C. H. Munro-Hay, Syria 68 (1991), S. 393ff.; A. V. Sedov, AAE 3 (1992), S. 110ff., derselbe, AAE 6 (1995), S. 15ff.

[85] Siehe R. Göbl, Antike Numismatik 1 (1978), S. 146ff.

fehlt. So könnte, wie Dembski[86] feststellt, schon ein Neufund unser Gesamtbild von den Prägungen auf diesem Gebiet grundsätzlich verändern.

Der Beginn einer eigenen Münzprägung in Südarabien, und zwar im sabäischen Reich, dürfte in das 4.[87] oder 3. Jahrhundert v. Chr.[88] fallen. Am Anfang wurden attische Silbertetradrachmen des sog. „Alten Stils" nachgeprägt. Sie wurden zwischen 393–322 v. Chr. in Athen geprägt. Der Avers (Vorderseite) zeigt den Kopf der Göttin Athena, der Revers die Eule, Ölzweig, Mondsichel und eine griechische Beischrift.

Die Nachahmung dieser attischen Münzen erklärt sich einmal durch den regen Fernhandel, d. h., die Sabäer dürften vor der eigenen Prägung schon einige Zeit vorher die originale attische Tetradrachme gekannt haben. Des weiteren war diese ikonographisch sehr ausdrucksreich und gewichtsmäßig zuverlässig. Die Beliebtheit dieser Münze zeigt sich auch darin, daß sie nicht nur in Südarabien, sondern auch in Ägypten, Palästina und sogar in Zentralasien nachgeahmt wurde.[89]

Bald danach tauchten lokale Prägungen mit zusätzlichen Buchstaben bzw. Monogrammen in sabäischer Schrift auf. Eine andere Imitation der attischen Silbertetradrachme „Alten Stils" zeigt einen bartlosen Männerkopf statt der Athena, während der Revers noch die übliche Eule aufweist. In einer weiteren Serie findet sich auf dem Avers wieder ein bartloser „semitischer" Kopf, während der Revers nun statt der Eule einen Kopf mit Bart zeigt. Wahrscheinlich handelte es sich dabei um einheimische Herrscher.[90]

Es folgen weitere Serien, wobei u. a. attische Silbertetradrachmen „Neuen Stils" (spätes 3. Jahrhundert–ca. 85 v. Chr.) nachgeahmt werden. Nach dem erfolglosen römischen Feldzug des Aelius Gallus 25/24 v. Chr. zeigt der Avers ca. im 1. Jahrhundert n. Chr.[91] statt des Araberkopfes einen „Augustuskopf". Es schließt sich eine Serie an,[92] bei der

[86] S. 132.

[87] So Pirenne, La Grèce et Saba, S. 162.

[88] Dembski, S. 132: Beginn des 3. Jh.; Doe, S.121: Mitte des 3. Jh.

[89] So A. V. Sedov – U. Aydarus, AAE 6 (1995), S. 40.

[90] So Dembski, S. 134, Munro-Hay, S. 406 spricht von einem "head pronouncedly semitic".

[91] So Dembski, S. 134; Munro-Hay, S. 407: wohl erst im 1. Jh. n. Chr.

[92] Nach Dembski, S. 134, löst die „Bukranium-Serie" die Augustuskopf-Serie ab. Munro-Hay, S. 407, dagegen meint, daß beide Serien teilweise gleichzeitig nebeneinander existieren.

sich auf der Vorderseite ein König oder Gott findet, während die Rückseite einen Stierschädel (Bukranium) zeigt. Danach folgt die „Königsserie" von ca. 50–200 n. Chr.[93] Sie ist insofern von großer Bedeutung, als der Revers einen kleinen Kopf mit Königsnamen enthält und auch den Namen einer Münzstätte, meistens Raydan, nennt. Ab ca. 300 n. Chr. gab es dann keine eigenständige südarabische Münzprägung mehr.[94]

Diese vorhergehenden Ausführungen bezogen sich auf die sabäischen und die daran anschließenden himyarischen Siberprägungen. Für die Reiche von Qataban, Main und Hadramaut sind unsere Kenntnisse sehr begrenzt.[95] Am „besten" sind wir noch über die qatabanischen Münzen unterrichtet.[96] Aus den Legenden kennen wir sogar die Münzstätte: Harb. Nach Doe[97] war diese vermutlich identisch mit dem Palast von Hajar bin Humeid in Baihan (Qataban), dessen Name Harib lautete. Bis jetzt war nur von Silbergeld die Rede. Gab es auch eine Gold- und Bronzeprägung? Nach Doe[98] waren arabische Goldmünzen eine Seltenheit; ähnlicher Ansicht sind auch Irvine[99] und Hill,[100] während Dembski[101] meint, daß die Auflagenhöhe

[93] So Munro-Hay, S. 407.

[94] So jedenfalls Doe, Südarabien, S. 123. Munro-Hay, S. 410: Ende der Münzprägung nach dem Verschwinden des Reiches von Qataban. Nur wann war das? Nach Pirenne um 250 n. Chr., nach W. F. Albright 50 v. Chr. Dembski, S. 135: „Mit der Machtübernahme durch die Axumiten wird die eigene südarabische Prägung eingestellt." Das wäre aber erst um 525 n. Chr.; Pirenne, Qataban, S. 64, nennt als letztes Datum für himyaritische Münzen mit Doppelbildnis das Datum 300 n. Chr.

[95] So schon Hill, Proceedings, S. 58, siehe auch M. Mitchiner, Oriental Coins and their Values, The Ancient and Classical World 600 B. C. – A. D. 650, S. 95.

[96] Siehe etwa Hill, Catalogue of the Greek Coins of Arabia, Mesopotamia and Persia. British Museum (1922), S. 75.; Doe, Südarabien, S. 122 und Taf. 44. Für Main siehe Hill, Proceedings, S. 80ff. Nach A. V. Sedov – U. Aydarus, AAE 6 (1995), S. 37 sind bis jetzt im Hadramaut keine Gold- oder Silbermünzen gefunden worden, die einwandfrei zur hadramautischen Prägung gehören würden.

[97] Südarabien, S. 122; Barbara Davidde, AAE 6 (1995), S. 255, meint dagegen, daß die Namen Harib oder Raydan nicht auf die Münzstätten hinweisen sollen, es sollte nur die politische und wirtschaftliche Macht der prägenden Autorität herausgehoben werden.

[98] Südarabien, S. 121.

[99] S. 23, Anm. 2, 33/4.

[100] Catalogue, S. LVII, 54.

[101] S. 134.

weitaus größer war, als die zwei Belegstücke – beide im Britischen Museum – vermuten lassen. Die Goldmünzen seien im Fernhandel verwandt und dann am Bestimmungsort eingeschmolzen worden.

Bronzeprägungen sind uns vor allem aus dem Hadramaut belegt. Die Grabungen in Schabwa[102] und die sowjetisch-jemenitischen Unternehmungen in Qana und Raybun[103] sowie der Hortfund von Hureihâr (nahe Raybun)[104] und in Chor Rori[105] haben eine große Zahl von Bronzemünzen erbracht, die es erlauben, eine gewisse Chronologie für die Bronzemünzen des Hadramaut aufzustellen. Eine Gruppe dieser Münzen, hauptsächlich aus Schabwa, trägt die Beischrift Shaqir (SQR), also den Namen des Palastes im antiken Schabwa. Aus den anderen alt-südarabischen Reichen sind hingegen nur wenige Bronzemünzen bekannt.[106]

Zusammenfassend ist über die Münzprägung im alten Südarabien zu sagen, daß wir eine solche vor allem aus Saba und dem Nachfolgestaat Himyar sowie aus Hadramaut kennen. Griechenland, sprich Athen, war, was das Münzbild anbetrifft, anfangs das Vorbild. Später entwikkelte sich im gewissen Umfang eine lokale Prägung, die eigene Züge aufwies. Zur Frage, welche Rolle die Münzen in der alt-südarabischen Wirtschaft spielten, sind die Meinungen unter den Fachleuten geteilt. Während Doe[107] und Irvine[108] etwa annehmen, daß Münzgeld in erster Linie für den Fernhandel bestimmt war und nicht für interne Transaktionen verwendet wurde, glauben Sedov–Aydarus[109] sowie Dembski,[110] und der Verfasser möchte sich dieser Meinung anschließen, daß die Menge an Kleinsilber und Bronzegeld wohl kaum für den Fernhandel verwandt wurde, sondern für den innersüdarabischen Handel.

[102] Siehe Munro-Hay, Syria 68 (1991), S. 393ff. sowie den umfassenden Aufsatz von Sedov–Aydarus, AAE 6 (1995), S. 15ff.

[103] Siehe Sedov–Aydarus a. a. O. und Sedov AAE 3 (1992), S. 110ff. und S. 177ff.

[104] Siehe dazu P. Griaznevich, Nataidj amal al-bathaa li-am (1989) Sayün (Yemen) (1990) und Sedov, AAE 6, S. 41/2, 50.

[105] Siehe F. P. Albright, The American Archaeological Expedition in Dhofar, S. 90–92, Pls. 40–41, Fig. 81–83.

[106] Siehe Munro-Hay, S. 393; Dembski, S. 135; M. Mitchiner, Oriental coins and their values. The Ancient and the Classical World 600 B. C. – A. D. 650 (1978), S. 95; Doe, Südarabien, S. 122; Sedov–Aydarus, AAE 6 (1995), S. 37ff.: lediglich ein Ergebnis der zufälligen Fundsituation.

[107] Südarabien, S. 123.

[108] S. 35.

[109] AAE 6, S. 40, 50.

[110] S. 135.

5. *Keramik*

Auch für die Keramik gilt ähnliches wie für die Münzen: Die Archäologen haben zwar eine große Menge von Scherben und kompletten Gefäßen bei Grabungen ans Tageslicht gefördert, aber von einer systematischen Einordnung, Typologie oder dem Erkennen von „Töpferschulen“ bzw. Keramikzentren kann nicht gesprochen werden.[111] Kennzeichen dafür ist, daß in dem vorzüglichen Jemen-Katalog ein eigener Abschnitt über die Keramik fehlt. Von dem Kenntnisstand, wie wir ihn z. B. für die Keramik in Mesopotamien oder Iran besitzen, sind wir noch meilenweit entfernt. Dennoch gibt es Versuche in Richtung eines corpus alt-südarabischer Keramik. Am Anfang steht dabei die Grabung von Gertrude Caton Thompson[112] von Ende 1937 bis März 1938 in Hureidha (Hadramaut). Darauf folgten die Grabung in Hajar bin Humeid[113] in der Nähe von Timna (Qataban) 1950/51 und ab 1974 die französischen Unternehmungen in Schabwa[114] sowie die amerikanischen Grabungen ab 1982 im Wadi al-Jubah (zwischen Marib und Timna)[115] und die sowjetisch-jemenitischen Kampagnen seit 1985 in Qana[116], um nur die wichtigsten zu nennen. Diese Projekte haben dazu beigetragen, daß wir einen gewissen Einblick in die Entwicklung der alt-südarabischen Keramik ab etwa dem 10./9. Jahrhundert v. Chr. bekommen haben. Insbesondere die amerikanischen Grabungen in Hajar bin Humeid und die neueren im Wadi al-Jubah – die Entfernung zwischen beiden Plätzen beträgt weniger als 60 km – haben im Vergleich der Keramik, die an beiden Orten gefunden wurde, zu gewissen fundamentalen Erkenntnissen geführt. Generell ist zur Keramik in Südarabien festzustellen, daß sie sehr einfach, ja primitiv ist. Dies wird besonders deutlich, wenn man sie mit Waren aus anderen Gebieten des Vorderen Orients vergleicht. Weder was die Technik der Keramikherstellung noch die Qualität anbetrifft, kann die südarabische Keramik mit anderen Waren aus dem Alten Orient konkurrieren.[117] Ob die Erklärung Van

[111] Siehe auch Grohmann, Arabien, S. 238.

[112] G. C. Thompson, The Tombs and Moon Temple of Hureidha (Hadramaut) (1944).

[113] Siehe hier S. 44, Anm. 61.

[114] Siehe L. Badre, Syria 68 (1991), S. 229ff., dazu die kritischen Anmerkungen von G. Van Beek, BASOR 293 (1994), S. 91.

[115] Siehe hier S. 30, Anm.14.

[116] Sedov, AEE 3 (1992), S. 110ff.; Tradition and Archaeology (Hrsg. H. P. Ray–J. F. Salles) 1996, S. 11ff.

[117] So Van Beek, Hajar bin Humeid, S.79ff.

Beeks zutrifft, daß die Nachfrage nach Keramik gering gewesen sei und deshalb in ihrer Ausführung einfach gehalten, wohl auch weil andere Materialien für Gefäße wie etwa Stein (Alabaster), Häute oder Flechtwerk zur Verfügung gestanden hätten, sei dahingestellt.[118] Gleiches gilt für seine 1969 geäußerte Feststellung, die Menge der Keramik in Südarabien sei allgemein gering gewesen. Seither ist diese Ansicht durch nachfolgende Grabungen wohl etwas relativiert worden.

Der Verfasser kann auch nicht Van Beeks Standpunkt uneingeschränkt teilen, daß die alt-südarabische Keramik "principally or perhaps entirely" handgemacht war und die Töpferscheibe im vorislamischen Arabien nicht verwandt wurde. Eine Ansicht, die auch von Doe[119] und Toplyn vertreten wird. Letzterer weist in diesem Zusammenhang darauf hin, daß auch das Rad als normalerweise unverzichtbares Transportmittel in Südarabien fehlt. Den Grund sieht er darin, daß das Kamel billiger und effektiver war.

Mag auch die Keramik von Hajar bin Humeid und aus dem Wadi al-Jubah ausschließlich handgemacht sein, so gibt es durchaus Beispiele anderer Art. L. Badre[120] spricht für Schabwa davon, daß die Keramik der Niveaus I–V zum „größten Teil handgefertigt" sei. C. Rathjens[121] stellt für seine Grabung in Huqqa fest, die gefundenen Gefäße seien „ausschließlich auf der Drehscheibe geformt". F. P. Albright[122] sagt mehr oder minder das gleiche für die Keramik von Sumhuram: "A few pieces were made by hand, but most of it on the wheel." Schließlich sei auch noch auf die neueren russischen Untersuchungen bei Bi'r Hamad im westlichen Wadi Hadramaut hingewiesen. Dieser Platz wird in das letzte Viertel des 2. Jahrtausends bis in das späte 1. Jahrhundert v. Chr. datiert. Bei der Beschreibung von 35 auf der Oberfläche gefundenen Scherben heißt es 24mal: "wheelmade"[123]. Was die Formen der einheimischen Keramik anbetrifft, so ähnelt sich etwa das Repertoire von Hajar bin Humeid und von Wadi al-Jubah. Als

[118] Diese Begründung ist von M. R. Toplyn, einem Mitarbeiter am amerikanischen Wadi-al-Jubah-Projekt, übernommen worden, siehe: The Wadi al-Jubah archaeological project, Bd. 1 (1984), S. 50, 68.

[119] Siehe Van Beek, S. 86/7, Toplyn, a. a. O.; ebenso Doe, Südarabien, S. 119.

[120] Syria 68 (1991), S. 277.

[121] Sabeica 2 (1955), S. 176.

[122] The American Arch. Expedition in Dhofar, S. 92.

[123] Sedov, AAE 6 (1995), S. 103 ff. [108/110].

Standardgefäße nehmen sich Krüge, Schalen und Schüsseln jeder Größe aus. Hinsichtlich des Dekors hat man bei der Keramik von Hajar ar-Rayhani, einem der wichtigsten Fundorte im Wadi al-Jubah, 14 verschiedene Kategorien festgestellt,[124] wobei eingeritzte oder punktierte Motive überwiegen. Ähnliches hat sich auch für die Keramik von Hajar bin Humeid ergeben.

Auffällig ist der Anteil „ausländischer" Keramik an einigen Plätzen, obgleich dies mit dem Handel zu Lande und zu Wasser leicht zu erklären ist. So haben die Grabungen in Qana etwa ergeben, daß der Anteil der Importware bis zu 80% beträgt,[125] wobei der Typ Amphora besonders häufig auftaucht. Auch in Timna[126] und Schabwa[127] ist eine Menge importierter Keramik gefunden worden. Die Herkunftsgebiete dieser Keramik reichen von Italien und Griechenland bis nach Afrika und dem Vorderen Orient.

[124] Siehe W. D. Glanzman – A. O. Ghaleb, The Wadi al-Jubah archaeological project, Bd. 3 (1987), S. 68.

[125] Siehe Sedov, AAE 3 (1992), S. 112; Tradition and Archaeology, S. 16.

[126] Siehe H. Comfort in Archaeological discoveries in South Arabia, S. 199 ff., derselbe für Chor Rori in BASOR 160 (1960), S. 15 ff.

[127] Siehe Y. Calvet in Raydan 5 (1988), S. 53 ff.

ZEITTAFEL

Vorweg sei darauf hingewiesen, daß die nachfolgenden Daten nach der „Langen Chronologie“ gegeben werden. Bezüglich der Daten der Vorgeschichte wird auf das entsprechenden Kapitel verwiesen[1].

3. Jt. v. Chr.–Mitte 2. Jt.		Bronzezeitliche Kulturen im Gebiet von Chaulan at-Tiyal.
Spätes 3. Jt.		Erste Bewässerungsanlagen in Marib.
Ab 1500		Siedlung al-Markaba im Wadi Dhana.
Zweite Hälfte des 2. Jt.		Blütezeit der bronzezeitlichen Küstenkultur von Sabir.
Letztes Viertel des 2. Jt.–1. Jh. v. Chr.		Siedlung von Bir Hamad.
Ab ca. 1500		Siedlungsbeginn in Schabwat.
Ab 1300		Siedlungen im Wadi al-Jubah.
10.–9. Jh.		(proto-)sabäische Siedlung im Wadi Yala.
10.–8. Jh. (?)		Herausbildung des südarabischen Alphabets.
10. Jh.	Königin von Saba	Besuch der Königin bei Salomon.
9.–8. Jh.		Siedlung von Hajar bin Humeid.
8. Jh.–Mitte 6. Jh.		Saba setzt sich in Abessinien fest. Beginn der Mukarribperiode in Saba.
Mitte 8. Jh.		Statthalter von Suchu und Mari überfällt Karawane aus Saba.
715	Itamra von Saba	leistet Tribut an Sargon II.
685	Karibilu von Saba	leistet Tribut an Senherib. Baubeginn der Stadtmauer von Marib.
685 (?) (400)	Karib'îl Watar	Feldzug gegen Ausan und Zerschlagung dieses Reiches. Erste inschriftliche Nennung von Qataban.
665	Yada'il Darih	Errichtet drei Tempel für den Gott Almaqah: Mahram Bilqis/Awam bei Marib, in Sirwah und bei al-Masagid.

[1] Bei Kitchen, siehe besonders S. 175ff., findet sich eine sehr detaillierte chronologische Abfolge der Herrscher in den verschiedenen südarabischen Reichen.

Zweite Hälfte 6. Jh.		Errichtung des Staudammes von Marib.
Um 420		Erste minäische Königsschrift.
Ab 400 (350 bzw. 300)		Reiche von Main und Qataban werden unabhängig.
Zwischen 390–300		Saba erleidet schwere Niederlage gegen Qataban.
Mitte 4. Jh.		Die Minäer haben Saba in der Vorherrschaft über die Weihrauchstraße abgelöst.
4. Jh.		Hadramaut, bis dahin Vasall Sabas, macht sich unabhängig.
4. oder 3. Jh.		Beginn der sabäischen Münzprägung.
Letztes Viertel des 2. Jh.		Kriege zwischen den verschiedenen Reichen. Zuerst verschwinden Main und Qataban. (Nach Pirenne 100 bzw. 250 n. Chr.)
115		Beginn der himyarischen Ära.
25/24 v. Chr.		Feldzug des Aelius Gallus.
10 n. Chr. (?) 20 n. Chr.		Himyar erobert Teile Sabas und errichtet seine Hauptstadt Zafar.
Zwischen 100–200 n. Chr.		Hadramaut verleibt sich den Rest von Qataban ein.
Letztes Viertel 2. Jh.		Die traditionelle Dynastie in Marib wird durch die Hamdaniden abgelöst. Marib spielt nur noch eine Rolle als religiöses Zentrum.
Letztes Viertel 2. Jh.	Alhan Nahfan	aus der Dynastie der Hamdaniden verbündet sich mit den Abessiniern.
Um 217/218	Scha'irum Autar,	sein Sohn, wiederum kämpft gegen die Abessinier. Er besiegt ferner das hadramitische Heer und plündert Schabwat.
Um 248/49		Hamdaniden müssen die Macht an die Dynastie von Gurat abgeben.
Ab Mitte der zweiten Hälfte des 3. Jh.		Es existieren nur noch zwei Reiche: das sabäo-himyarische – die Himyaren sind tonangebend – und das Reich von Hadramaut.
Ende des 3. Jh.	Schammar Yuhar'isch,	Himyarenherrscher, erobert den Hadramaut. Schabwat verschwindet aus der Geschichte. Neue Hauptstadt wird Schibam.
Vor 297	Schammar Yuhar'isch	schickt seinen Gouverneur in Sada als Botschafter an den Hof der Sasaniden in Seleukia – Ktesiphon.

Anfang 4. Jh.		Hadramaut befreit sich von der sabäo-himyarischen Oberherrschaft, wird aber dann im zweiten Jahrzehnt des 4. Jh. endgültig erobert.
Erste Hälfte 4. Jh.	Ezana,	abessinischer König, erobert Teile des Jemen.
Mitte 4. Jh.		Der römische Kaiser Constantinus schickt eine Gesandschaft nach Zafar; der himyarische Herrscher wird zum Christentum bekehrt.
Zweite Hälfte 4. Jh.		Erster Bruch des Dammes von Marib. Ende des Polytheismus im sabäo-himyarischen Reich. Almaqah und andere Gottheiten werden durch Rahmanan („Herrscher des Himmels") ersetzt.
Erstes Drittel 5. Jh.	Abukarib As'ad	Sabäo-himyarisches Reich erlebt nochmals einen Höhepunkt.
450		Erneuter Bruch des Dammes von Marib.
516	Ma'dikarib Ya'Fur	unternimmt Feldzug nach Zentralarabien.
517	Yusuf As'ar Yat'ar (Du-Nuwas)	beginnt die Christenverfolgung.
518 oder 523		Nadjran wird eingenommen und die dortigen Christen getötet.
525	Ella Asbeha (Kaleb),	abessinischer König, schlägt das sabäo-himyarische Heer, und Yusuf wird getötet. Südarabien wird abessinisches Dominium.
530/31	Abrehá	übernimmt die Macht.
542		Wiederum Bruch des Dammes von Marib.
554		Letzte himyarische Inschrift.
Um 570	Abrehá	unternimmt Feldzug gegen Mekka und stirbt kurz darauf.
6. oder 7. Jh.		Dynastie der Kinda in Zentralarabien setzt sich im Hadramaut fest.
Zwischen 570–575		nehmen perserfreundliche Kreise in Südarabien Kontakte mit den Sasaniden auf, und die Abessinier müssen sich aus Südarabien zurückziehen.
575–580		Letzter Bruch des Dammes von Marib.

597/8		Südarabien wird sasanidische Provinz.
628		Die Sasaniden erleiden entscheidende Niederlage gegen Byzanz.
630	Mohammad	erobert Mekka.
	Badhan,	der sasanidische Statthalter im Jemen tritt zum Islam über.
632	al-Aswad al'Ansi,	ein Gegenprophet, leitet einen Aufstand ein, der aber niedergeschlagen wird.
Ende 630	al-Muhadjir	wird erster Gouverneur der Provinz al-Yaman im muslimischen Reich.

BIBLIOGRAPHIE

Es werden nachfolgend nur einige Werke und Aufsätze berücksichtigt, in denen weitere Literaturhinweise zu finden sind.

1. Geographie

1934 *J. A. Montgomery*, Arabia and the Bible, Philadelphia.

1953 *H. von Wissmann*, Geographie, Grundlagen und Frühzeit der Geschichte Südarabiens, in Saeculum 4, S. 61 ff.

1968 *H. von Wissmann*, Zur Archäologie und antiken Geographie von Südarabien, Hadramaut, Qataban und das Aden-Gebiet in der Antike, Istanbul.

1980 *E. Wohlfahrt*, Die Arabische Halbinsel, Länder zwischen Rotem Meer und Persischem Golf, Frankfurt a. M., Wien.

1982 *I. Ephe'al*, The Ancient Arabs. Nomads on the borders of the fertile crescent 9th–5th centuries B.C., Jerusalem.

2. Menschen

1957 *H. Pöch*, Über die äthiopide und die gondide Rasse und ihre Verbreitung, in Anthropologischer Anzeiger, Jg. 21, S. 147 ff., Stuttgart.

1963 *A. Grohmann*, Arabien, München.

1975 *H. v. Wissmann*, Über die frühe Geschichte Arabiens und das Entstehen des Sabäerreiches. Die Geschichte von Saba' I, ÖAkWS 301, Wien.

3. Sprachen und Schrift

1954 *M. Höfner*, Das Südarabische der Inschriften und lebenden Mundarten, in: Handbuch der Orientalistik, Dritter Band, Semitistik, S. 314 ff., Leiden.

1956 *J. Pirenne*, Paléographie.

1976 *H. v. Wissmann*, Die Geschichte des Sabäerreichs und der Feldzug des Aelius Gallus, in ANRW II. 9.1., S. 308 ff.

1987 *G. Garbini*, Semitische und indoeuropäische Sprachen, in

Jemen-Katalog, S. 107ff., München, Innsbruck und Frankfurt a. M.

1987 *A. F. L. Beeston*, „Vorislamische Inschriften und vorislamische Sprachen des Jemen“, in Jemen-Katalog, S. 102ff., München, Innsbruck und Frankfurt a. M.

1991–1993 *C. Robin* (Hrsg.), L'Arabie antique. Hier finden sich mehrere Artikel zu Sprache und Schrift.

4. *Entdeckungsgeschichte*

1963 *A. Grohmann*, Arabien, S. 93ff., München.

1984 *J. Chelhoud* (Hrsg.), L'Arabie du Sud, histoire et civilisation, le peuple yemenite et ses raines, tome 1, S. 91ff., 111ff., Paris.

1985 *J. Pirenne*, A la découverte de l'Arabie – cinq siècles de science et d'aventure, Paris.

5. *Geschichte*

1955 *J. Pirenne*, La Grèce et Saba.

1961 *J. Pirenne*, Le Royaume Sud-Arabe de Qataban et sa Datation d'après l'Archéologie et les Sources Classiques jusqu'an Périple de la Mer Erythree, Bibliothèque du Muséon 48, Louvain.

1964 *H. v. Wissmann*, Zur Geschichte und Landeskunde von Alt-Südarabien, Sammlung Eduard Glaser III, ÖAkWS 246, Wien.

1976 *H. v. Wissmann*, Die Geschichte des Sabäerreichs und der Feldzug des Aelius Gallus, in ANRW II. 9.1, S. 308ff., Berlin – New York (in diesem Werk findet sich eine umfangreiche Bibliographie).

1976 *H. v. Wissmann*, Über die frühe Geschichte Arabiens und das Entstehen des Sabäerreiches, Die Geschichte von Saba' I, ÖAkWS 301, Wien.

1982 *H. v. Wissmann*, Die Geschichte von Saba' II. Das Großreich der Sabäer bis zu seinem Ende im frühen 4. Jh. vor Chr., ÖAkWS 402, Wien.

1984 *W. W. Müller*, Survey of the Arabian Peninsula from the 1st cent. A. D. to the Rise of Islam, in Studies, S. 125ff.

1987 *W. W. Müller*, Skizze der Geschichte Altsüdarabiens in Jemen-Katalog, S. 56ff., München, Innsbruck und Frankfurt a. M.

1989 *Toufin Fahd* (Hrsg.). L'Arabie préislamique.

1990 *M. 'Abd al-Qadir Bafaqih*, L'Unification du Yemen antique. La lutte entre Saba, Himyar et la Hadramaut du Ier au IIIeme siècle de l'ère chrétienne, Bibliothèque de Raydan, Paris.

1991–1993 *C. Robin* (Hrsg.), L'Arabie antique (mit ausf. Bibliographie).

1994 *K. A. Kitchen*, The World of Ancient Arabia Series. Documents for Ancient Arabia, Part I. Chronological Framework & Historical Sources, Liverpool.

6. Archäologie

1944 *G. Caton Thompson*, The Tombs and Moon Temple of Hureidha (Hadhramaut), Reports Research Comm., Soc. of Antiquaries of London no XIII, London.

1958 *R. LeBaron Bowen jr. – F. P. Albright*, Archaeological Discoveries in South Arabia. With Contributions by B. Segall, J. Ternbach, A. Jamme, H. Comford, G. W. Van Beek. Publ. of the Am. Foundation for the Study of Man, vol. II, Baltimore.

1964 *G. Lankester Harding*, Archaeology in the Aden Protectorates, London.

1969 *G. W. Van Beek*, Hajar bin Humeid. Investigations at a Pre-Islamic Site in South Arabia. Publ. of the Am. Foundation for the Study of Man, vol. V, Baltimore.

1970 *B. Doe*, Südarabien, Bergisch Gladbach.

1982 Archäologische Berichte aus dem Yemen, Deutsches Arch. Institut San'a, Bd. I (Hrsg. J. Schmidt), Mainz. Insgesamt sind bis 1995 acht Bände erschienen.

1982 *F. P. Albright*, The American Archaeological Expedition in Dhofar, Oman 1952–1953, Publ. of the Am. Foundation for the Study of Man, vol. VI, Washington, D.C.

1983 *B. Doe*, Monuments of South Arabia, Neapel, Cambridge, New York.

1984 *M. R. Toplyn*, The Wadi al-Jubah Project, vol. 1. Site Reconnaissance in North-Yemen, 1982, Publ. of the Am. Foundation for the Study of Man, Washington, D.C.

1985 *J. A. Blakely, J. A. Sauer* and *M. R. Toplyn*, The Stratigraphic Probe at Hajar at-Tamrah. The Wadi al-Jubah Project, vol. 2, Publ. of the Am. Foundation for the Study of Man, Washington, D.C.

1987 *W. Glanzman* and *Abdu O. Ghaleb*, The Strategic Probe at Hajar ar-Rayhani, The Wadi al-Jubah Project, vol. 3, Publ. of the Am. Foundation for the Study of Man, Washington, D.C.

1988 *A. de Maigret* (Hrsg.), The Sabaean Archaeological Complex in the Wadi Yala. A Preliminary Report. Reports and Memoirs, (ISMEO) XXI, Rom.

1990 *A. de Maigret* (Hrsg.), The Bronze Age culture of Hawlan at Tiyal and al-Hada. Reports and Memoirs (ISMEO) XXIV, Rom.

1991 *J.-F. Breton*, Les Fouilles de Shabwa, in Syria 68, Paris. (Dieser Bericht ist identisch mit dem 1992 erschienenen Werk: Fouilles de Shabwa II.)

7. *Aufbau der alt-südarabischen Zivilisation, soziale Strukturen*

1951 *J. Ryckmans*, L'Institution Monarchique.

1971 *A. F. L. Beeston*, Functional Significance of the Old South Arabian Town, PSAS 1, S. 26ff., London.

1982 *C. Robin*, Les Hautes-Terres du Nord-Yemen avant Islam Bd. I, II, Publ. de l'Institut historique-archéologique neerlandais de Stambuul, Istanbul.

1984 *C. Robin*, La Cité et l'Organisation Sociale à Ma'in: L'Exemple de YIL (Aujourd'hui Baraqish), in Studies, S. 157ff.

8. *Wirtschaft*

1922 *A. Grohmann*, Südarabien als Wirtschaftsgebiet Teil I, Osten und Orient, Erste Reihe Forschungen, 4. Bd., Wien.

1933 *A. Grohmann*, Südarabien als Wirtschaftsgebiet Teil II, Brünn.

1978 *W. W. Müller*, Art. ›Weihrauch‹, in RE, Suppl. Bd XV (1978), Sp. 700ff., München.

1981 *H. Kopp*, Agrargeographie der Arabischen Republik Jemen. Landnutzung und agrarsoziale Verhältnisse in einem islamisch-orientalischen Entwicklungsland mit alter bäuerlicher Kultur, Erlanger Geographische Arbeiten, Sonderband 11, Erlangen.

1989 *M. Höfner*, Landwirtschaft im antiken Südarabien, in Grazer Morgenländische Studien 2, Der orientalische Mensch und seine Beziehungen zur Umwelt. Beiträge zum 2. Grazer Morgenländischen Symposion (2.–5. März 1989), hrsg. von B. Scholz, Graz.

1991 *I. Hehmeyer* und *J. Schmidt*, Antike Technologie – Die sabäische Wasserwirtschaft von Marib, ABADY I, Mainz.

9. *Militärwesen*

1976 *A. F. L. Beeston*, Warfare in ancient South Arabia (2nd–3rd centuries A.D.) Qahtan, Studies in Old South Arabian Epigraphy, Fasc. 3, London.

1994 *J.-F. Breton*, Les Fortifications d'Arabie Méridionale du 7e au 1er siècle avant notre Ere, ABADY VIII, Mainz.

10. *Religion(en)*

1927 *D. Nielsen*, Zur altarabischen Religion, in Handbuch der altarabischen Altertumskunde (Hrsg. D. Nielsen) 1. Bd. Die altarabische Kultur, S. 177ff., Kopenhagen.

1951 *G. Ryckmans*, Les Religions arabes préislamique, 2. Aufl., Bibliothèque du Muséon 26, Louvain.
1956 *A. Jamme*, La religion arabe préislamique, in M. Brillant – R. Aigrain, Histoire des Religions IV, Tournai.
1970 *M. Höfner*, Die Religionen Altsyriens, Altarabiens und der Mandäer, in Religionen der Menschheit X, 2, S. 234ff., Stuttgart.
1987 *J. Ryckmans*, Die Altsüdarabische Religion, in Jemen-Katalog, S. 111ff., Innsbruck, Frankfurt a. M.
1992 *J. Ryckmans*, Religion of South Arabia, in: The Anchor Bible Dictionary, Hrsg. D. N. Freedman, vol. VI, S. 171ff., New York.

11. Kunst

1955 *J. Pirenne*, La Grèce et Saba.
1963 *A. Grohmann*, Arabien, S. 140–243, München.
1979 *A. Hauptmann-v. Gladiss*, Probleme altsüdarabischer Plastik in Baghdader Mitteilungen 10, S. 145ff., Berlin.
1982 Die „Archäologischen Berichte aus dem Yemen“ ab 1982 liefern auch Material zum Abschnitt Kunst, besonders zur Baukunst.
1987 Im Jemen-Katalog finden sich ebenfalls Artikel zur Kunst.
1988 *M. Jung*, The Religious Monuments of Ancient South Arabia, in AION 48, S. 177ff., Neapel.
1993 *J.-F. Breton – M. 'Abd al-Qādir Bāfaqîh* (Hrsg.), Trésors du Wādî Dura (République du Yemen. Fouille franco-yéménite de la nécropole de Hajar am-Dhaybiyya). Institut Français d'Archéologie du Proche-Orient. Bibliothéque Archéologique et Historique, Bd. CXLI, Paris.

REGISTER

1. Namen

2. Orte (Länder)

3. Sachen (Begriffe)

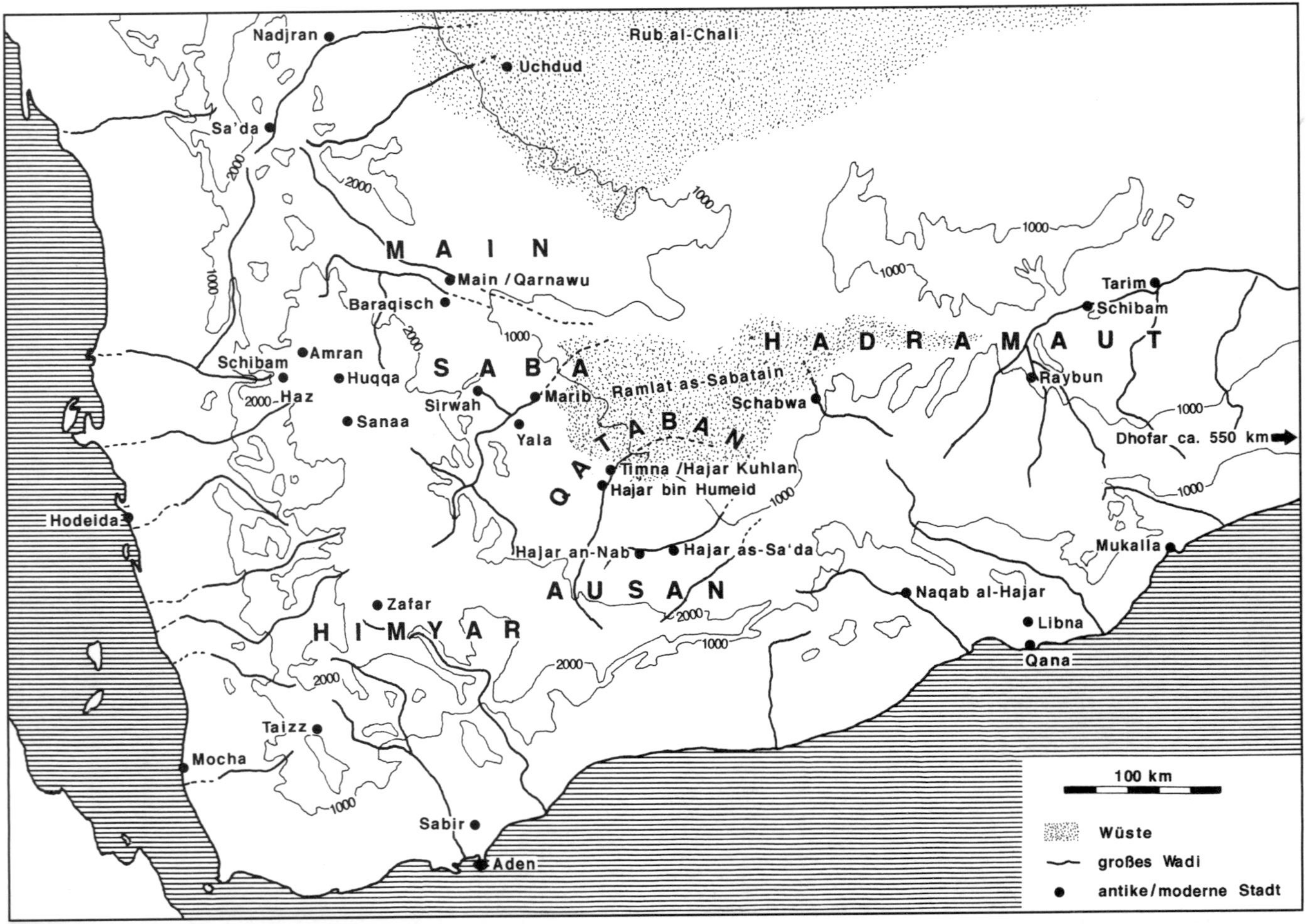
Rub al-Chali
Nadjran
Uchdud
Sa'da
MAIN
Main / Qarnawu
Baraqisch
SABA
Amran
Schibam
Huqqa
Haz
Sirwah
Marib
Sanaa
Yala
Ramlat as-Sabatain
QATABAN
Timna / Hajar Kuhlan
Hajar bin Humeid
Schabwa
HADRAMAUT
Tarim
Schibam
Raybun
Dhofar ca. 550 km
Mukalla
Naqab al-Hajar
Libna
Qana
Hodeida
Hajar an-Nab
Hajar as-Sa'da
AUSAN
Zafar
HIMYAR
Taizz
Mocha
Sabir
Aden
1000
2000
100 km
Wüste
großes Wadi
antike/moderne Stadt